子どものロールシャッハ反応

形態水準と反応内容

松本真理子・森田美弥子
監修

鈴木伸子・坪井裕子・白井博美
畠垣智恵・松本真理子・森田美弥子
著

金剛出版

序　文

　本書を刊行するきっかけとなったのは，われわれが日本人一般児童のロールシャッハ・プロトコルの収集をはじめた今からおよそ10年前に遡ることになる。当時，臨床事例に関するロールシャッハ反応の検討会を重ねる中で，参照とする標準データはかなり古くなったと思われる日本人成人データか，あるいは包括システムの米国人児童データしか存在していなかった。それを標準データとして解釈の参考として良いものかどうか，しばしば議論が重ねられた。そこで，ある程度のサンプル数に基づく日本人児童データに関する文献を調べたところ，辻・浜中の1950年代のデータ以来，刊行されていないことが明らかになった。

　それ以来，われわれは日本人一般児童のロールシャッハ・プロトコルを収集し，日本の子どものロールシャッハ反応の特徴について検討を重ねてきた。その結果，成人や米国人児童のデータとは異なる数値を示す変数が多いことや発達的変化の様相が明らかにされてきた。

　中でも反応内容は，成人のそれとは大きく異なるものであること，Popular反応（以下P反応とする）も成人と異なり，さらに子どもの年齢によって異なる特徴などが明らかになった。大人の物の見方と子どもの物の見方が異なるものであることは言うまでもなく，こうした結果は当然と言えば当然の結果ともいえるであろう。したがって形態水準についても成人とは異なる基準が設けられて然るべきではないだろうか，とわれわれは考えている。

　ロールシャッハ法は，臨床場面において子どものアセスメントを行い，子どもの世界とかかわろうとする際に，大変役に立つ豊かな情報をわれわれに与えてくれるものである。産出された反応から，子どもの世界を理解し得る情報をどの程度汲み取ることができるかは，われわれ心理臨床家の腕にかかっている。いわば職人の技量次第ともいえるであろう。

　本書は，その技量向上の補助道具として役立つものとなることを願うものである。

目次

序　文 ……………………………………………… 3

第1章
形態水準をめぐって ………………………… 7

　　1．H.ロールシャッハの精神診断学　7
　　2．形態水準に対する諸技法の考え　8
　　3．子どもの形態水準　11
　　4．反応内容をめぐって　13
　　5．ロールシャッハ法における
　　　　個性記述的接近と法則定立的接近　14

第2章
子どものロールシャッハ反応 ……………17

　　1．被検児　17
　　2．反応リストの見方　19

　　図版Ⅰ ……………………………… 23
　　図版Ⅱ ……………………………… 31
　　図版Ⅲ ……………………………… 41
　　図版Ⅳ ……………………………… 51
　　図版Ⅴ ……………………………… 61
　　図版Ⅵ ……………………………… 69
　　図版Ⅶ ……………………………… 79
　　図版Ⅷ ……………………………… 89
　　図版Ⅸ ……………………………… 99
　　図版Ⅹ ……………………………… 109

あとがき ………………………………………… 121

参考文献 ………………………………………… 123

第1章
形態水準をめぐって

1．H．ロールシャッハの精神診断学

　ロールシャッハ法の創始者であるH・ロールシャッハ（Rorschach, H. 1921）は「精神診断学」の中で，ロールシャッハ法を「特定の形をもたない図形を判断させる実験」であることを強調し「想像力の検査と思われるのが一般的であるが，偶然に出来上がった形の判断は直接想像力に頼るところはわずかであって，想像力を実験の前提条件と考える必要はない」と述べている。そしてロールシャッハ法を指して「形態判断実験（Formdeutversuch）」という知覚の検査であるとしている。また「大抵の判断は一般的に言っても，個々の検査についても偶然的図形の形態のみによって決定される」とも述べている。
　こうした記述から，ロールシャッハ自身は創始した当時「形態知覚」を何よりも重視したことがうかがわれる。
　では形態水準についてはどのように考えていたのであろうか。ロールシャッハ自身は，上述したように形態知覚を重視しており，「それゆえに，この形態反応を評価することが問題となってくる」と述べている。そして形態反応の評価から主観的評価を除くために統計的手法を用いて標準を作成しているが，この際に用いられたサンプル数は成人100名であった。
　このような統計的手法により，ロールシャッハは「良い形態反応（F+）」を明らかにし，形態水準を2段階に区別した上で「反応を作り出す際に形態が用いられるその仕方や質が，慣習的にあるいは現実的に事物を知覚する被検者の能力を表す」としている。しかし，なお一方で「たとえ正常の範囲が統計的に確立されたとしても，良いと良くないなどの判断はなお主観的な自由選択の余地を幾らか残している」とも述べている。
　ロールシャッハ法の心理測定法としての信頼性や妥当性に関する議論の一つに，スコアリングの信頼性があげられるが，ロールシャッハ自身が既に当時より，形態水準評価において完全には排除することのできない主観性を十分に認

識していたものと思われる。そしてそれゆえ，ロールシャッハは「F+％が5％高いか否かは大きな問題ではない」と述べているのである。われわれは日常の臨床場面で形態水準について検討する際に，F+％が70％であるのか67％であるのか，ということよりも，標準よりも顕著に高いのか（例えば97％）あるいは顕著に低いのか（例えば20％）といったことにむしろ注意すべきであることを経験的に理解しているが，ロールシャッハ自身も主観性をふまえた扱いをすべきことに注意を発しているのである。

　自由度の高い漠然とした刺激を扱う心理検査法は，極めて自由度の高いすなわち個性記述的な「その人らしさ」を得ることができるという大きな長所を有すると同時に，反面それゆえに分析や解釈から完全に排除することのできない主観性の扱いにさまざまな議論がなされることになるのは，いわば宿命ともいえるであろう。数値は厳密に客観的に扱われるべきであるとする心理測定法の専門家にとっては，こうした類の心理検査における「完全に客観的ではない」数値は我慢ならないものであるかもしれない（われわれは，知能検査法における数値や実施にかかわる客観性についても同様に疑問を抱くものであるが）。

　しかしなお，ロールシャッハ自身が述べているように，形態水準の評価は，「純粋に経験的なものが基礎になっており，F+の評価は完全に客観的なものではないにもかかわらず，F+％は非常に有効な指針である」ことを，われわれ臨床家は体験として得ているのである。

2．形態水準に対する諸技法の考え

　形態水準に対する諸技法の考えとして，ここでは包括システム，名大法（名古屋大学式技法），片口法と阪大法（大阪大学法）の4つについてその概要を紹介する（詳細は各技法の手引書を参照していただきたい）。

1）包括システム

　包括システムでは「形態水準によって，反応の［適合性］を知ることができる。つまり特定された対象の形態と使用しているブロット領域がどれほど合致しているかである」としている。こうした定義に基づき包括システムでは次のような分類基準を設けている（Exner, J. E., 2001）。

普通反応（o）：領域がWかD領域の場合，9,500の記録の中で2％（190）以

　　　　　　　　　上出現し，かつ輪郭と領域が合致する反応。Dd領域では50
　　　　　　　　　人以上がその領域を用いかつ3分の2以上が同じ対象を見て
　　　　　　　　　いる反応。
稀少反応（u）：WかD領域で2％未満だが，個別評定の3人の判定が一致し，
　　　　　　　　　すぐ容易にみることができる反応。Dd領域では50人未満で
　　　　　　　　　報告，3人の評定が一致，すぐ容易に見ることが可能な反応。
マイナス反応（－）：多くのマイナスはリストが煩雑にならないために掲載さ
　　　　　　　　　　れていない。反応が容易にみつけられる，輪郭が著しく
　　　　　　　　　　歪められていないなら稀少反応とする。疑わしい反応は
　　　　　　　　　　マイナスコードが最善である。

　すなわち，包括システムでは統計的な頻度を明確に示していることが特徴である。

　さて次に解釈についてであるが，包括システムでは形態水準に関する諸変数は，認知の3側面における認知的媒介に関する重要な指標としている。特に，XA％とWDA％は重要な変数であり，認知的媒介（現実検討）から生じた行動（反応）がどの程度状況に合致しているかを扱うものである。またマイナス反応は現実を無視したり，現実を歪曲したものであり，マイナス反応が多いのは著しい認知機能の低下を示すものとされている。エクスナーは患者でない者のX+％は子どもと成人の両者とも80％付近である，としている。

　以上より，包括システムにおける形態水準の扱いについては，主観性をできるだけ排除しようとする実証主義的立場に立つ包括システムの特徴が明確に示されていると考えることができるであろう。

2）名大法

　名大法では，形態水準について「ほとんどの被検者は自分の見る概念にブロットの輪郭や形を適合させることによって反応する。この仕方は人によって異なるものであり，またこうした違いが解釈上重要なものになってくる。これを形態水準の評価という」とした上で，現在は「プラスかマイナスか」という二分法を用いている（名古屋ロールシャッハ研究会，1999）。すなわち，プラス反応（＋）はブロットの形態特性と反応とが適合している反応であり，マイナス反応（－）は適合性が弱いかあるいはみられない反応である。形態水準評価の視点としては，①Fitness（適合性，正確性）②Elaboration-specification（修

飾性，明細化の適切さ）③Organization（結合性の適切さ）④Frequency（P反応に代表される頻度性）⑤Consensual Aappropriateness（社会的常識性）の5つを挙げており，これらを得点化することが検討された時期もあった。

　解釈については，F+は自我の強さのサインであり，F-は現実への無関心，現実の曲解，無視を示し，F-が多い場合は思考過程が異常で情意が混乱している，としている。またP反応については6人に1人以上にみられる反応をP反応として，日本人成人を対象とした調査から計10個のP反応をあげている。

3）片口法

　片口法では「形態水準とは反応の総合的評価のことで……初学者にはもっとも理解しにくいスコア」としている。形態水準評定はその性質上，どのカードでどういう反応が多いかといった統計的な知識も必要であることを述べている。評価は「良い・普通・普通よりやや劣る・良くない」の4段階であり，正式な名称としては「優秀水準（＋）・標準または良好水準（±）・許容水準（∓）・不良または病的水準（－）」となっている。

　基準となる規則としては，クロッパーの「正確さ」「明細化」「結合性」を参考として，①反応の概念がブロットの特質と一致しているかどうか，②細部の説明があるかどうか，③部分の結合・構成は適切かどうか，の3点をあげている。

　解釈について，片口（1974）は上述した4段階に沿っておよそ以下のように述べている。

優秀水準：平均以上の知能，優れた独創性，ゆき届いた注意力，豊かな想像性などの人格特徴を反映する。

標準水準：この水準を代表するのは平凡反応であり，一般成人の全反応の過半数を占める結果となる。社会的な常識に沿って，思考し行動しうる傾向を示すものであり，適応的で平均的な知的能力を反映する。

許容水準：一般成人における全反応の20〜35％を占める。軽度ではあるがコントロールの弱まり，現実吟味の低下，不安感，注意力低下などを意味する。一つのプロトコルに適当な割合で許容水準反応が存在することはむしろ望ましいことである。

不良水準：第一級の逸脱言語表現に相当するもので，幼児の場合は別として，かなりの人格障害，すなわち自己統制や現実吟味の著しい低下，強

度の不安感，論理的思考の障害，内閉性を示す。

4）阪大法

　最後に阪大法であるが，形態水準について「形体のとらえ方の的確さの判定は，基礎概念とそれを構成する基礎形体に対して行う（基礎形体水準）」とし，基礎形体水準の判定のために，反応内容は，まず形体条件の複雑さに従って，火や血など無形体の概念群から識別形体をもつ概念群まで5つのクラスのいずれかに分類される。形体性の関与度が高い（つまり輪郭の明確な）概念は，図版の特定領域（形体条件と適合する場所）に出現しやすい。図版条件と適合していれば良形体反応（F+），不適合ならば不良形体反応（F−）と判定される。

　このような考え方で各概念が出現する領域を示し，基礎形体水準判定基準表が作成されている。これは，ベック（Beck, S. J.）やフィリップスら（Phillips, L. & Smith, J. G.）の方法を参考にしているが，形体の関与度が低い概念にも注目し，とくに不適合でなければ許容反応（Permitted response：F pm）をスコアするところが阪大法の特徴である。これに加えて「結合反応」（複数概念の結合のあり方）および「特殊要素の使用」（特定化，色彩，運動など）を評価する。各評価は得点化され，適応指数を算出する。なお，F+反応のうち，10人に1人以上出現するものをP反応としている。

　解釈について，辻（1997）では「識別的形体による認知の優位性が定着していないと思われる場合には，その事例の個体化，したがって自我境界の形成に問題を抱えているとみてよい」と述べられており，基礎形体水準がF−であることは発達的に未成熟な段階にあると考えられていると言える。さらに，概念間の結合や形体以外の要素との不適合がみられる場合は，その度合により病理性の深さが想定されることになる。

3．子どもの形態水準

　繰り返しになるが，形態水準については，ロールシャッハ変数の中でもっとも主観的判断に陥りやすく，また一方，それにもかかわらず解釈上極めて重要な指標である。

　特に子どもの反応における形態水準の評定については，成人の基準を用いるのか，あるいは年齢ごとの平均的水準に照らすのかといった点も，研究者によ

り意見が異なるところである。

　すなわち成人の基準で評定するなら，形態知覚の正確さは成人の水準が標準となるため，子どもの形態質がいかなる過程を経て成人の水準に近づくのかを示すという立場であり，低年齢であるほど形態水準は低いことになる。一方，年齢ごとに一般的に産出されやすい反応の頻度から基準を定めて評定するならば，各年齢において形態水準の高い子どもは必ず存在することになり，形態水準の程度は年齢に応じた平均的な反応との隔たりを示すことになるのである。

　辻・浜中（1958）は，F+の意味について次の4つの能力を必要とする，としている。すなわち①知覚を明確なものとすることができるよう注意を集中する能力，②明確な知的記憶像を所有していること，③これらの記憶像を意識によみがえらせうる能力，④これらの記憶像の中から刺激にもっともよく似たものを選び出す能力である。辻・浜中によれば形態水準の示すものは，自分の知覚をコントロールしうる能力と批判的な能力であり，高学年では成人にほとんど匹敵すると報告している。

　筆者らは，形態水準とは当該年齢母集団において，どの程度一般的な物の見方をし得るのかということ，すなわち年齢段階に応じた形態水準の判定が臨床的視点からは重要であると考えている。子どもが所属するその文化・社会の同年齢母集団における適応の程度は，その集団内で一般的な課題解決の方法をどの程度有するのかということにも関係する。その意味で，例えばロールシャッハ反応にどの程度のP反応を産出し得るのか，どの程度の一般的反応を産出しうるのかは重要な指標となるものであろう。

　ただし，形態水準はあくまでも「一般的な反応か否か」という尺度で評価されるものであり，一般的でないことは必ずしも，反応の本質的な質を問うものではないことに注意する必要がある。小沢（1970）も「F+とはあくまでも社会的な意味における良形態である」としているように，一般的ではない反応を多く産出する子どもの中には，極めて個性的で生き生きと生きる子どもも存在することを忘れてはならないであろう。

　言い換えれば，子どもの形態水準の評価は，その所属する年齢母集団における平均的な反応を考慮し，年齢に応じたF+の基準を置いた上で，同時に個性的反応とのバランスを加味しつつ形態質を検討することが解釈の信頼性を高める結果につながるものと思われる。

4．反応内容をめぐって

1）子どもの反応内容

　本書の作成にあたり，全体で約5,000個の反応を集計，分類する作業を行った。その結果，P反応について成人のそれと異なることは言うまでもなく，各年齢層によってもP反応が異なることが示された。言い換えると，成人の形態水準表における基準をそのまま適用することによって，実に多くの反応が「一般的ではない反応」とスコアされてしまうことが示された。すなわち，子どもはわれわれが予想する以上に個性的な連想過程を有し，そして年齢による相違が大きいことが明らかになったのである。

　したがって，本書では形態水準評価を掲載する一方で，各年齢層の子どもはロールシャッハ図版から一体何を見るのか，というその実際が理解できるように，できるだけ多くの反応を掲載するようにした。

2）反応内容における文化的要因

　ロールシャッハ反応は，あいまいなインクブロットという刺激に対して，どのように対処するのか，というその対処方法の結果である。したがって，反応は対象の生きている時代や社会あるいは文化的な影響を受けていると考えるのが自然であろう（さらに子どもには年齢という発達的要因が加わることになる）。

　ワイナー（Weiner, I. B., 1998）は，その文化圏で標準にすることができるようなPの内容とその頻度の標準が設定されてはじめて，Pを慣習性の確かな尺度とすることができると述べ，さらに「文化的違いが認められる地域ではP反応と同様に形態質も，知覚の明確度と慣習の一般基準に則って解釈する前に，その文化特有の期待値にもとづいて再考されなければならない」とし，ロールシャッハ反応に対して一義的な解釈を与えることに注意を促している。

　わが国においても，高橋ら（2002）は，インクブロットの知覚の仕方が文化によって影響されることは否定できない，という考えに基づいて日本人成人の形態水準表を作成している。

　また，例えば米国人一般児童のデータにおいて，X+％について，ハメル（Hamel, M. H., 2007）は10歳から12歳児では0.4としているのに対して，エク

スナー（Exner, J. E., 1995）は10歳が0.77，12歳が0.75と大きな隔たりが認められる。これは米国という多人種で多様な階層から成る大国であることも一因であると思われるが，それだけでなく，ロールシャッハ法において標準値を確立することの難しさを物語るものと思われる。

これまでにもわれわれは指摘してきたが（Matsumoto, et al., 2007），ロールシャッハ法は言語に拠る方法である，という大きな特徴を有する。反応態度などの非言語的側面を解釈などの際に用いるとは言え，基本となるのは言語表出された反応である。すなわち，産出された反応は，それぞれの居住する国や地域の言語文化の影響を受けていることを考慮する必要がある。特に言語表現能力において発達途上であり，個人差も大きい子どもにおいては，この言語表出に関する文化的要因が，いっそう大きな影響をおよぼす可能性は否定できないものと思われる。

このようなことを念頭におきつつ，われわれはロールシャッハ法を用いることが重要なのではないだろうか。

5．ロールシャッハ法における個性記述的接近と法則定立的接近

人の心を扱う学問である心理学の歴史の中で，常に重要なテーマとなってきたのが「心への接近法」である。すなわち，法則定立的接近（Nomothetic Approach）か個性記述的接近（Idiographic Approach）かという議論の歴史がそこにある。

哲学者ヴィンデルバント（Windelband, W.）によって提唱された個性記述的方法とは，歴史的に規定された事象の一回的内容をその「特殊性」と「全体的ゲシュタルト」から把握しようとする記載方法である（高瀬，1979）。臨床心理学というのは人間の個としての存在から出発する学問である。したがって，個性記述的方法は何よりも大切にしなくてはならない視点であるという認識を持つ必要があるものと思われる。

心への接近法の一つの手段であるロールシャッハ法もまた然りである。法則定立的接近の立場から心理測定法としての信頼性を高める作業の一つが標準データ確立への努力といえよう。しかし同時に，個人のもつ力動的全体性，個別性や独自性に迫る方法として個性記述的接近を忘れてはならない。この二つの

接近法を統合することで,対象となる人の全体像を深く理解することが初めて可能になるものであろう。ロールシャッハ法はこうした観点から見ても,極めて有効な心へのアプローチの一手段であると考えられる。

　ロールシャッハ自身は,この検査を「形態判断実験」として位置づけ,あくまでも知覚という側面を重視していたが「……偶然にできあがった図形の判断は感覚複合と記憶痕跡を同化しようとする努力が,努力しているという意識を伴うほど,強い一種の知覚である」と述べている。すなわち,この同化の努力の過程に個人的な背景を持つ強い連想が働くのがロールシャッハ法であり,この個人的要因に対するアプローチが,個性記述的接近に通ずるものと思われる。

　本書は,上記の意味からは法則定立的接近の補助となることを目的とするものであるが,われわれのロールシャッハ法に対する立場はあくまでも両者を統合し得る方法としてロールシャッハ法を使用することを目指すものであることを,あえてここで断っておきたい。

第2章
子どもの
ロールシャッハ反応

1．被検児

1）概要

　本書の反応リスト作成にあたり，総計436名のプロトコルを使用した。このうち幼稚園児については一部2000年に収集したものを含み，他年齢層は2006年から2007年にかけて収集したプロトコルを用いた。

　ロールシャッハ法実施において，教示は包括システムに準じているが，初発反応時間は計測している。また包括システムでは反応数が14未満のプロトコルについては再施行が原則であるが，わが国の児童においては25％から40％近くの者が反応数14未満である（松本他，2007）。したがって，日本人一般児童の代表的な反応内容を提示することを目的とする本書では，包括システムにおける再施行の原則を採用せず，反応数10以上のプロトコルを対象とした。

　被検児は，静岡県および愛知県の公立幼稚園，小学校，中学校に在籍する児童を対象とした。各学校への依頼は自治体教育委員会を通じて，各学校長の了解のもとで，保護者および本人に対して調査依頼の文書を配布し，同意を得た上で実施している。検査は学級単位で全員に実施し，実施後に外国籍児童（日本語が未習熟の児童）や特別支援を要する児童のプロトコルは除外した。

　ロールシャッハ法は，放課後の空き教室で個別に実施した。所要時間は1名につき30分から40分であった。検査者は臨床経験10年以上の病院心理臨床家，または臨床心理士の資格を有し2年以上の臨床経験を有する者が行った。

　各年齢層の詳細は**表1**に示す。

表1. 被検児の概要

学年	平均年齢（SD）	人数	男子	女子	総反応数
幼稚園年長	5歳8カ月（4カ月）	84	38	46	1,252
小学校2年生	7歳11カ月（4カ月）	85	45	40	1,425
小学校4年生	10歳1カ月（3カ月）	82	45	37	1,496
小学校6年生	11歳10カ月（4カ月）	85	40	45	1,617
中学2年生	13歳10カ月（4カ月）	100	48	52	1,775
計		436	216	220	5,015

2）被検児のリクルートについて

　本書で用いた反応サンプルは，地域は愛知県と静岡県の2県のみの公立幼稚園，小・中学校に限定されている。われわれが，公立学校を対象とし，また学級単位で全員に実施したことの背景には，格差社会となりつつある日本ではあるが，まだなお地方都市の公立学校は経済的にも平均的で両親の揃った家庭が大部分であると考え，そうした平均的な学校の選択を意図し，教育委員会を通じて当該自治体において平均的な学校の選択を依頼した。また依頼した自治体には私立学校は極めて少数であり，大部分の子どもが選択の余地なく公立学校に通学している。一方で，村上ら（1962）は既に40年前の日本において，都市間や都市と村落間の青年・成人におけるロールシャッハ反応の比較などを通して，日本の地域においても都市と村落の顕著な相違や都市間での相違について言及している。ロールシャッハ法に限ったことではないが，標準となるデータを収集することの難しさと限界を考慮した上で，結果を利用することが，現代の日本社会においてはむしろ現実的であるとわれわれは考えている。

　また，われわれは被検児の協力を得るにあたり無報酬で調査を実施した。参考までに，諸外国での一般児を対象としたロールシャッハ法の実施概要について**表2**に示した。多くの研究は1年齢層20名程度から大規模な研究では150名程度である。しかし，これを人口比にすると米国はむしろサンプル規模としては決して大きくないことがわかる。また調査地域が限定されているものも多く，子どもの一般データを収集することの難しさを物語っている。リクルートの方法については，米国のように個別に電話によってリクルートし，報酬を提供するという方法も用いられている。

　こうしたサンプリングの違いによって，集計データの結果が影響を受ける可

能性は否めない。したがって，本書のデータについてもそうした点をふまえた上で使用していただきたい。

表2．諸家のロールシャッハ法調査の比較

	5歳(年長児)	8歳(小2)	10歳(小4)	12歳(小6)	14歳(中2)	成人(20歳〜69歳)	計(人)	人口(百万人)
本書	84	85	82	85	100		436	127
日本（辻ら，1958）	60	110	94	71			335	
日本（高橋ら，2009）						500	500	
米国(Hamel, M., 2007)	50(6〜9歳)	50(10〜12歳)					100	308
米国(Exner, J. E. 1995)	80	120	140	120	105		565	
ポルトガル(Silvia, D., 2007)	75	61					136	10.5
イタリア(Salcuni, S. 2007)	75(5〜7歳)	148(8〜11歳)					223	58
デンマーク(Hensen, K., 2007)	75(9歳)						75	5.5
フランス(Andronikof, A. 1999)	25	21	27	28			101	61

2．反応リストの見方

　本書は，日本人一般児童がどのような反応を産出するのかを把握する上で参考となることを主要な目的とし，同時に形態水準判定の参考となることを考慮して作成されている。さらに，幼稚園児から中学生まで発達的な変化を把握できるように構成した。

1）各図版の発達的特徴の概要紹介

　各図版の扉の頁には，主な反応内容に関する特徴をまとめた。また，P反応

については，学年により異なってり，反応によっては発達的推移が示され興味深い。そこで，本書では，被検児全体および特定学年でPもしくは準Pとなった反応について反応一覧の最後部に詳細を表示することにした。

P反応の基準は以下のとおりである。

P反応：3名に1名（33.3％）以上の反応をPとした。
準P反応：6名に1名（16.7％）以上の反応を準Pとした。

なお，各図版領域図の頁には，被検児全体のPと準P反応のみを記載している。

2）反応の掲載基準

形態水準の表記とその基準

包括システムにおける統計上の形態水準の分類基準を参考にして次のように定めた。

o反応：全体（N=436）で2％以上の反応はすべてoと表記した。
u反応：1％以上2％未満をすべてuとした。

本書では，マイナス（－）反応の表記は控えた。すなわち，包括システムにおいてもuか－かの判断は「反応が容易にみつけられる，輪郭が著しく歪められていないならu」という基準に沿って「主観的判断」に委ねられている。われわれは，こうした判断からわれわれの主観性を排除するために，表記することをあえて避けた。

特に子どもの反応内容については，「この年齢なら理解できる」「この年齢ではマイナス」といった発達的要因も考慮する必要がある。被検児の背景を考慮しつつ判断することが望ましいと考えている。

掲載反応について

全体（N=436）で出現頻度が2名以上の反応はすべて掲載した。それ以外の反応は削除した。その結果，全体で5,015反応中1,979反応（39.5％）が削除された。

なお，削除反応の中から，成人においてはめったにみられない子どもらしい反応と思われるものを，各図版の最後の頁にイラスト入りでいくつか紹介した。ロールシャッハの刺激を通して子どもがどのような世界を体験しているのか，その個性の一部として参考にしてほしい。

3）反応内容の分類と表記

　反応内容はカテゴリーごとに原則として五十音順に掲載した。反応内容カテゴリーについては，包括システムに準じたカテゴリー分類としたが，楽器のMuとMask反応は日本人に多く，高橋ら（2009）が採用しているカテゴリーであり，本書でも採用した。形態水準の表記はoとuのみである。各反応について被検児全体の出現人数と％および各学年の出現率（％）を掲載した。

重複表示（＊印）：

　反応の前に＊のついているものは，重複カウントをした反応である。例えば図版Ⅲの中央赤色のリボンは単独で「リボン」という反応と「人間がリボンをつけている」という組織化された反応の中に含まれる「リボン」の合計人数，すなわち，Ｄ３領域を「リボン」と知覚する子どもの人数ということになる。

内訳表示：

　例えば図版ⅠのＷ領域「動物の顔」は，「イヌの顔」「ウサギの顔」などの内訳を，2マス段落下げしてカッコ【をつけて，記載した。内訳として示されている反応は，全体でoまたはu表記反応のみである。

4）反応領域

　包括システムではDd領域の中で比較的多く出現する領域のDdには領域番号を付し，それ以外のDd領域はすべてDd99としている。高橋ら（2009）は，これに加えて日本人成人サンプルの集計の結果，日本人に多く出現する領域にDd40番台を付している。われわれは高橋らに準じてこの40番台の領域も採用した。さらにこれ以外にも日本人児童に特徴的と考えられる領域については，Dd50番台として計18領域を新たに加えた。

　また参考として他のスコアリングシステムにおける領域番号の対照表も掲載した。

図版 I

● 特徴

　本図版では，「コウモリ（W）」がP反応として，また「動物の顔（W）」が準P反応として示されている。日本人成人（高橋ら，2009）においては，「コウモリ（W）」がP反応，「動物の顔（W）」，「チョウ（W）」，「ガ（W）」がC反応（本書の準P）として示されている。

　P反応の「コウモリ（W）」について，学年別の出現率をみると，小4，小6と中2ではP，幼稚園と小2では準Pであることから，加齢とともにその見え方がよりポピュラーになっていくと考えられる。また，「チョウ（W）」は成人ではPであるが，子どもでは全体として準Pの基準を満たしていない。ただし，中2のみ準P（18.0％）であることから，成人に近づくにつれて「チョウ（W）」の出現率が増加することが示唆された。また，「ガ（W）」は成人では準Pであるが，子どもの出現率は全体で2.1％に留まっており，この点で成人と異なっている。「動物の顔（W）」の準Pは成人と共通している。

　この他，子どもの反応の大半はW反応である。D反応の多様性も成人と比べて明らかに少なく，oの基準を満たす反応も「人間（D4）」と「コウモリ（Dd40）」に限られている。本図版を全体的に捉える傾向は，子どもにより強くみられるといえるであろう。

●P反応（被検児全体）：コウモリ（W）
●準P反応（被検児全体）：動物の顔（W）

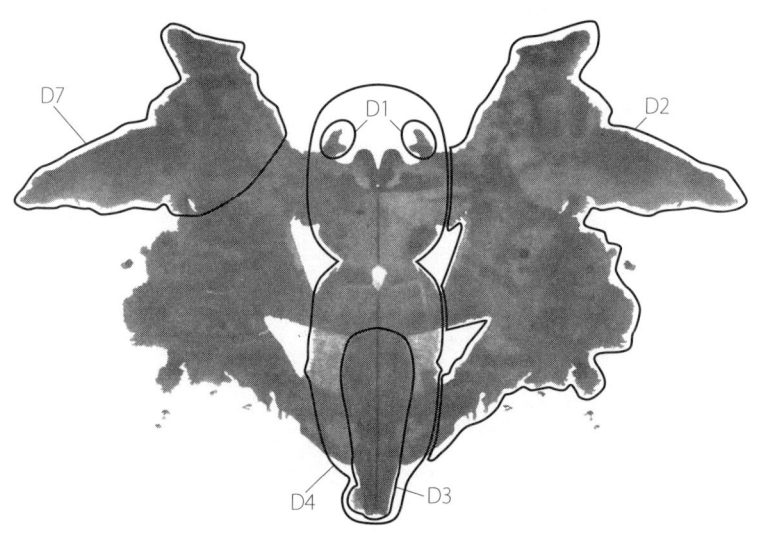

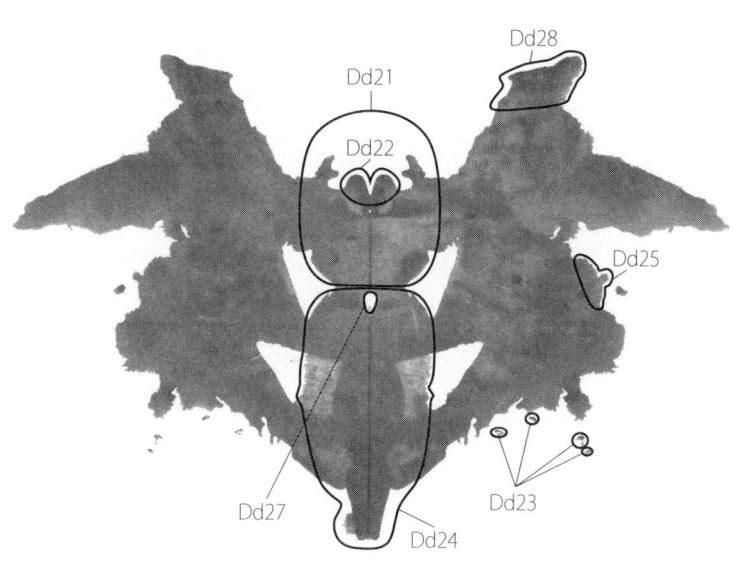

第2章 子どものロールシャッハ反応 25

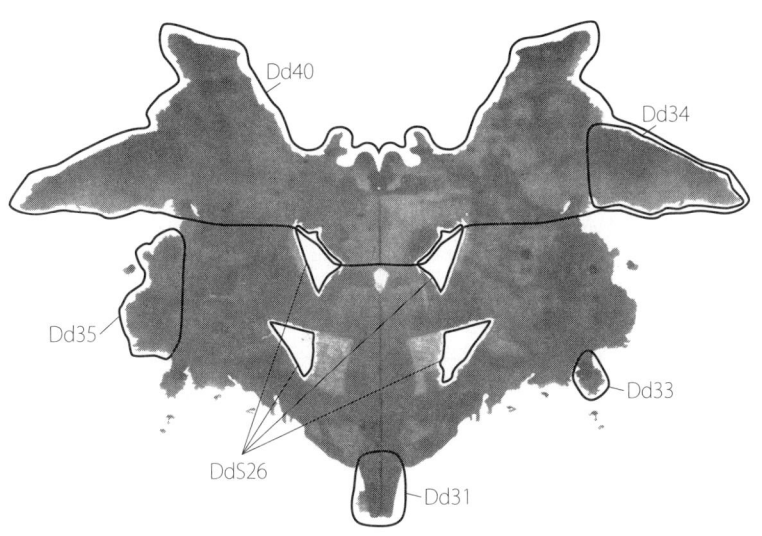

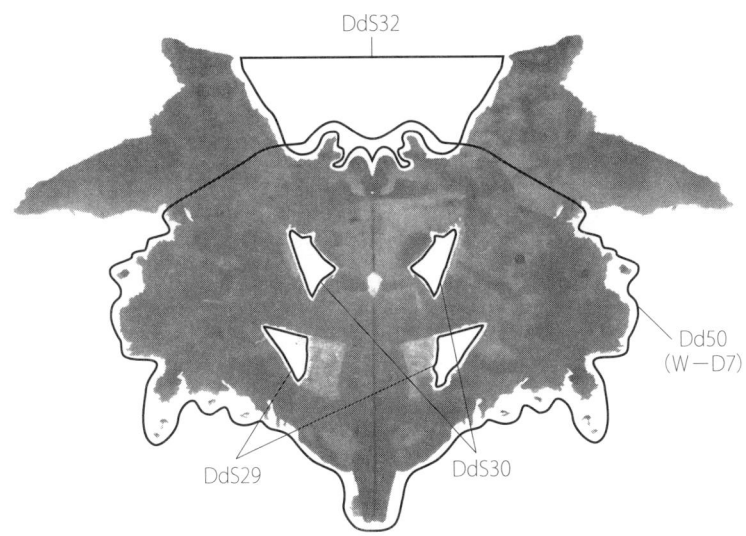

内容コード	形態水準	反応内容	全体 N	全体 %	幼稚園(%)	小2(%)	小4(%)	小6(%)	中2(%)
●W									
H		人間1人（D4体，衣装や羽をつけている）	2	0.5	0	0	0	0	2.0
		人間1人（∨）	2	0.5	0	1.2	1.2	0	0
		人間2人	1	0.2	0	0	0	0	1.0
		人間2人（羽がついている）	3	0.7	1.2	0	0	1.2	1.0
		人間2人と何か（D4）	1	0.2	0	0	0	1.2	0
		人間3人（D4の人と左右2人）	3	0.7	0	0	1.2	1.2	1.0
(H)		悪魔・魔女1人	3	0.7	1.2	0	0	2.4	0
	u	おばけ・ゆうれい1人	6	1.4	1.2	2.4	2.4	1.2	0
	u	天使・魔女2人	5	1.1	0	0	2.4	0	3.0
(Hd)	o	悪魔・ドラキュラ・おばけ・大王などの顔（Dd29，30を目とする）	17	3.9	1.2	4.7	3.7	5.9	4.0
	o	ハロウィンのカボチャ	18	4.1	1.2	1.2	9.8	2.4	6.0
Mask	o	お面・仮面	17	3.9	1.2	0	7.3	7.1	4.0
A	o	ガ	9	2.1	1.2	3.5	2.4	0	3.0
	o	カブトムシ・クワガタ	10	2.3	2.4	3.5	4.9	1.2	0
	o	クモ	13	3.0	1.2	2.4	6.1	4.7	1.0
	o	コウモリ	151	34.6	21.4	30.6	37.8	44.7	38.0
		コウモリ・鳥2匹	4	0.9	0	1.2	1.2	2.4	0
		サソリ	2	0.5	1.2	0	0	0	1.0
	o	チョウ	58	13.3	14.3	11.8	11.0	10.6	18.0
	o	動物2匹（オオカミ，イヌなどの四つ足動物）	10	2.3	1.2	4.7	1.2	0	4.0
	o	鳥（カラス，フクロウ含む）	16	3.7	2.4	2.4	6.1	5.9	2.0
	u	羽のある虫（ハチ，トンボ，テントウムシなど）	6	1.4	1.2	3.5	0	1.2	1.0

内容コード	形態水準	反応内容	全体 N	全体 %	幼稚園 (%)	小2 (%)	小4 (%)	小6 (%)	中2 (%)
	u	特定しない虫	5	1.1	0	0	0	4.7	1.0
Ad		コウモリの顔	4	0.9	1.2	1.2	2.4	0	0
	o	動物の顔（イヌ，ネコ，キツネ，オオカミ，ヤギ，ウシ，ウサギ，サイ，トラ，ライオン，ヒツジ，イノシシ，シカ，不特定など）	139	31.9	22.6	45.9	29.3	34.1	28.0
内訳	o	イヌの顔	28	6.4	1.2	12.9	4.9	10.6	3.0
	u	ウサギの顔	7	1.6	0	1.2	4.9	1.2	1.0
	o	ウシの顔	10	2.3	0	4.7	2.4	1.2	3.0
	o	オオカミの顔	20	4.6	7.1	3.5	2.4	7.1	3.0
	o	キツネの顔	23	5.3	4.8	5.9	3.7	8.2	4.0
	o	ネコの顔	16	3.7	2.4	7.1	4.9	2.4	2.0
	o	ヤギの顔	13	3.0	1.2	7.1	1.2	2.4	3.0
	o	特定しない動物の顔	9	2.1	0	0	0	1.2	8.0
(Ad)	o	怪物の顔	9	2.1	0	0	0	3.5	6.0
		キャラクター・マーク（ジャイアンツ，エスパルス）	4	0.9	0	0	0	3.5	1.0
Bt	o	葉・枯葉	19	4.4	2.4	1.2	9.8	5.9	3.0
Cg		洋服	3	0.7	0	1.2	0	0	2.0
Ls		洞窟（∨）	2	0.5	0	0	0	1.2	1.0
Sc		こま	2	0.5	0	0	0	2.4	0
	u	建物（タワー，城）	7	1.6	0	2.4	0	3.5	2.0
	o	飛行機（∨位置含む）	12	2.8	3.6	4.7	4.9	0	1.0
		UFO	3	0.7	0	0	1.2	1.2	1.0
Id		影	2	0.5	1.2	0	0	1.2	0
		マーク	2	0.5	0	1.2	0	1.2	0

● D1

内容コード	形態水準	反応内容	全体 N	全体 %	幼稚園 (%)	小2 (%)	小4 (%)	小6 (%)	中2 (%)
Hd		手	3	0.7	3.6	0	0	0	0

内容コード	形態水準	反応内容	全体 N	全体 %	幼稚園 (%)	小2 (%)	小4 (%)	小6 (%)	中2 (%)
Ad	u	角（クワガタ，カブトムシ，シカ）	7	1.6	2.4	1.2	2.4	2.4	0

●D2

内容コード	形態水準	反応内容	全体 N	全体 %	幼稚園 (%)	小2 (%)	小4 (%)	小6 (%)	中2 (%)
H	o	人間1人	8	1.8	0	0	1.2	7.1	1.0
A	u	動物（イヌ，キツネなど）（Dd34耳とする）（>）	5	1.1	1.2	0	1.2	1.2	2.0
	u	鳥1羽	7	1.6	0	2.4	2.4	2.4	1.0

●D4

内容コード	形態水準	反応内容	全体 N	全体 %	幼稚園 (%)	小2 (%)	小4 (%)	小6 (%)	中2 (%)
H	o	人間	10	2.3	1.2	2.4	4.9	1.2	2.0
(H)		悪魔	3	0.7	0	0	1.2	2.4	0
A		トナカイ	2	0.5	0	1.2	1.2	0	0
	u	虫（ハチ，カブトムシ，クワガタなど）	6	1.4	0	1.2	1.2	1.2	3.0

●D7

内容コード	形態水準	反応内容	全体 N	全体 %	幼稚園 (%)	小2 (%)	小4 (%)	小6 (%)	中2 (%)
Ad	u	イヌ・オオカミ・キツネの顔（顔）	7	1.6	1.2	0	3.7	0	3.0
		羽（コウモリ・鳥の羽）	3	0.7	0	0	0	2.4	1.0

●Dd40

内容コード	形態水準	反応内容	全体 N	全体 %	幼稚園 (%)	小2 (%)	小4 (%)	小6 (%)	中2 (%)
A		ガ・チョウ	3	0.7	0	1.2	0	0	2.0
	o	コウモリ	15	3.4	1.2	3.5	2.4	2.4	7.0

●Dd50 (W-D7)

内容コード	形態水準	反応内容	全体 N	全体 %	幼稚園 (%)	小2 (%)	小4 (%)	小6 (%)	中2 (%)
A		鳥	2	0.5	0	1.2	0	0	1.0
Ad	u	動物の顔（タヌキ，キツネ）	6	1.4	0	7.1	0	0	0

● P反応

	コウモリ(W)			チョウ(W)			動物の顔(W)		
全 体	151	34.6%	P	58	13.3%		139	31.9%	準P
幼稚園	18	21.4%	準P	12	14.3%		19	22.6%	準P
小2	26	30.6%	準P	10	11.8%		39	45.9%	P
小4	31	37.8%	P	9	11.0%		24	29.3%	準P
小6	38	44.7%	P	9	10.6%		29	34.1%	P
中2	38	38.0%	P	18	18.0%	準P	28	28.0%	準P

● 領域番号対照表

包括システム	高橋ら	名大法	阪大法	片口法	本書
D1	D1	d1	d3	d3	D1
D2	D2	D3	DⅢ	D2	D2
D3	D3	D7		D5	D3
D4	D4	D1	DⅠ	D1	D4
D7	D7	D4	DⅡ	D3	D7
Dd21	Dd21	D5	DⅤ		Dd21
Dd22	Dd22	d4	d5	d5	Dd22
Dd23	Dd23	Dd2			Dd23
Dd24	Dd24	D6	DⅣ	D4	Dd24
Dd25	Dd25	Dd3			Dd25
DdS26	DdS26	DdS5			DdS26
Dd27	Dd27				Dd27
Dd28	Dd28	d2	d4	d1	Dd28
DdS29	DdS29				DdS29
DdS30	DdS30				DdS30
Dd31	Dd31		d7		Dd31
DdS32	DdS32				DdS32
Dd33	Dd33	Dd4	d6		Dd33
Dd34	Dd34	d5	d2	d4	Dd34
Dd35	Dd35		d1	d2	Dd35
	Dd40	D2			Dd40
					Dd50
		d3			
		Dd1			
			d8		

「ゲームに出てくる顔（W）」小4男子

図版 II

● 特徴

　本図版では，Pおよび準Pとなる反応はみられない。日本人成人（高橋ら，2009）では「人間2人（W）」がP反応となっているが，子どもの場合，もっとも出現頻度の高い中2でも11.0%であり，人間反応が少ないのが大きな特徴である。また，包括システムでは「クマ，イヌ，ゾウ，ヒツジ（D1）」がP反応，日本人成人でも「動物1匹（D1）」または「動物2匹（D6）」がともにP反応であるが，本書では，「動物1匹（D1）」でも全体では準P反応の基準を満たしていない（14.9%）ことが特徴として挙げられる。ただし，学年別にみると，D1で「動物1匹」という反応は，小4（17.0%），小6（20.0%）と中2（30.0%）で準P反応となっている。また，「動物2匹（D6）」というペア反応も，学年が上がるにつれ増えており，中2のみが準P反応（19.0%）となっている。このことから，子どもの場合は本図版において，「人間」反応より「動物」反応の産出が多いこと，「動物」も，単独反応からペア反応へという発達的な変化を示しているといえる。

　またDS5領域で，子どもは「トンネル」反応が産出されているが，成人では形態水準表に記載されていない反応である。成人では周囲を含んだDS6領域で「洞窟・洞穴」という風景反応となっており，本書では削除されているが中2で1名のみに成人に近い反応が示されている。この他に，「角（D2）」や，「サルのお尻（D3）」，「ハート（D3）」などの反応は成人の形態水準表に記載のない反応であり，これらも子どもの特徴といえるだろう。

●P反応（被検児全体）：なし
●準P反応（被検児全体）：なし

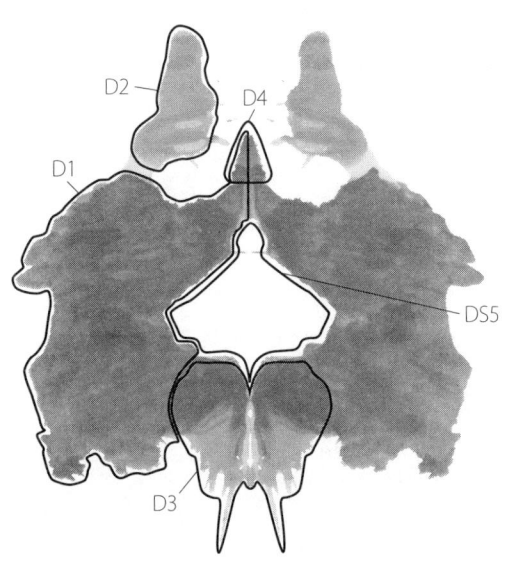

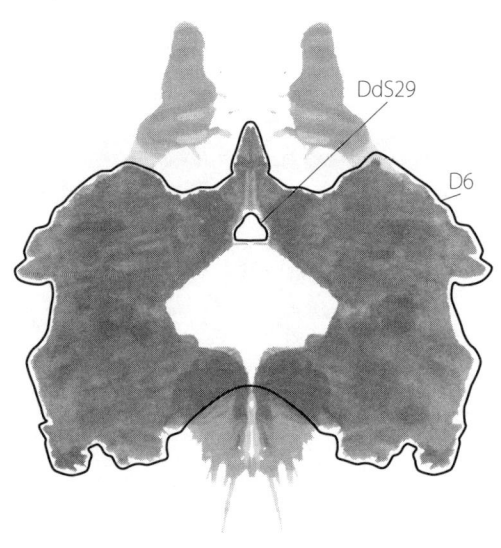

第2章　子どものロールシャッハ反応　33

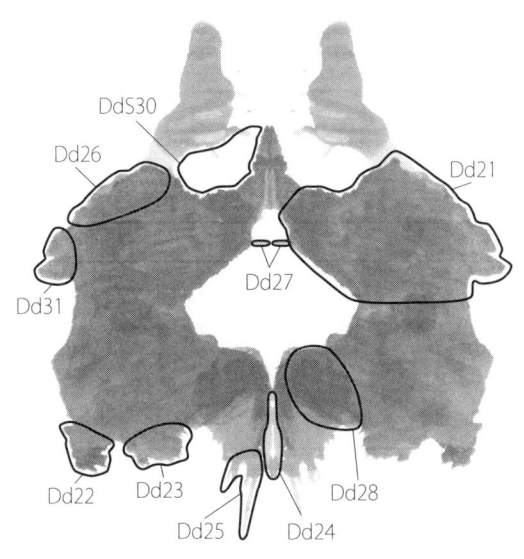

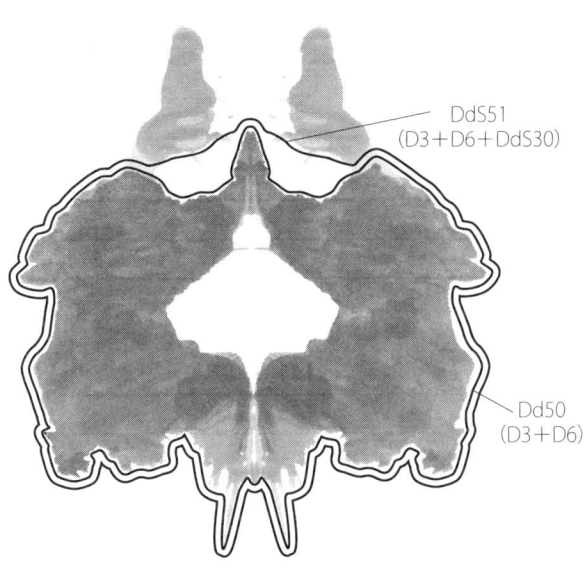

内容コード	形態水準	反応内容	全体 N	全体 %	幼稚園 (%)	小2 (%)	小4 (%)	小6 (%)	中2 (%)
●W									
H		人間1人（D2＋D2が目）	3	0.7	1.2	2.4	0	0	0
		人間1人（D3顔，D2＋D2足）（∨）	4	0.9	2.4	1.2	0	1.2	0
	o	人間2人（D2顔）	18	4.1	0	1.2	0	7.1	11.0
Hd	o	人間の顔（D2あるいはDdS30を目，DS5を口や鼻と見ることが多い）	23	5.3	1.2	2.4	9.8	4.7	8.0
		人間の下半身（∨）	3	0.7	0	0	1.2	0	2.0
(Hd)	o	鬼の顔（D2角）	24	5.5	3.6	7.1	6.1	7.1	4.0
		鬼の顔（∨）	2	0.5	0	1.2	1.2	0	0
		おばけの顔	4	0.9	2.4	1.2	1.2	0	0
A		ウサギ	2	0.5	0	2.4	0	0	0
	u	ガ（∨）	5	1.1	1.2	0	3.7	0	1.0
		カエル	2	0.5	0	1.2	1.2	0	0
	o	カニ	11	2.5	0	5.9	4.9	0	2.0
		カニ（∨）	3	0.7	1.2	0	1.2	1.2	0
		コウモリ	2	0.5	2.4	0	0	0	0
		コウモリ（∨）	4	0.9	4.8	0	0	0	0
		ザリガニ（∨）	2	0.5	1.2	0	1.2	0	0
		サル	3	0.7	1.2	0	1.2	0	1.0
	o	チョウ	10	2.3	2.4	3.5	3.7	1.2	1.0
	o	チョウ（∨）	29	6.7	7.1	10.6	3.7	10.6	2.0
	u	動物2匹D1と何かD2 D3（血，ちょうちんなど）	5	1.1	1.2	0	0	3.5	1.0
		鳥（∨）	4	0.9	0	1.2	1.2	0	2.0
		鳥	2	0.5	0	0	1.2	1.2	0
		ネコ	2	0.5	1.2	1.2	0	0	0
	u	羽のある虫（バッタ，トンボ，テントウムシなど）	8	1.8	1.2	2.4	0	5.9	0

内容コード	形態水準	反応内容	全体 N	全体 %	幼稚園 (%)	小2 (%)	小4 (%)	小6 (%)	中2 (%)
	u	羽のある虫（バッタ，トンボ，テントウムシなど）（∨）	6	1.4	0	1.2	4.9	0	1.0
		角のある虫（D2角・あご）	3	0.7	0	1.2	1.2	1.2	0
		特定しない虫（∨位置含む）	4	0.9	1.2	2.4	0	0	1.0
Ad		カエルの顔	3	0.7	1.2	1.2	0	1.2	0
	o	動物の顔（D2角，目，耳。ウサギ，ヤギ，ウシ，ネコなど）	29	6.7	7.1	7.1	7.3	8.2	4.0
内訳 [(A)	u	ウサギの顔	6	1.4	4.8	0	0	2.4	0
		怪獣・怪物	4	0.9	3.6	1.2	0	0	0
		怪獣・怪物（∨）	2	0.5	0	0	1.2	0	1.0
An		骨	2	0.5	0	1.2	1.2	0	0
Bt		花	2	0.5	0	2.4	0	0	0
Ls	u	火山（∨位置含む）	5	1.1	1.2	0	2.4	0	2.0
		洞窟	2	0.5	0	0	0	0	2.0
Sc	o	ロケット，飛行機	9	2.1	0	3.5	1.2	2.4	3.0

● D1

内容コード	形態水準	反応内容	全体 N	全体 %	幼稚園 (%)	小2 (%)	小4 (%)	小6 (%)	中2 (%)
A	o	＊動物（ウサギ，ゾウ，イヌ，イノシシ，クマ，不特定）	72	16.5	8.3	4.7	17.1	20.0	30.0
内訳 [		＊イヌ	11	2.5	2.4	0	1.2	3.5	5.0
	o	＊ウサギ	13	3.0	2.4	0	3.7	3.5	5.0
		＊クマ	13	3.0	1.2	1.2	3.7	2.4	6.0
	o	＊ゾウ	14	3.2	1.2	2.4	4.9	4.7	3.0

● D2 （D2＋D2を含む）

内容コード	形態水準	反応内容	全体 N	全体 %	幼稚園 (%)	小2 (%)	小4 (%)	小6 (%)	中2 (%)
Hd		足	3	0.7	2.4	1.2	0	0	0
		手	2	0.5	1.2	0	0	1.2	0
		人の顔	2	0.5	0	0	1.2	1.2	0

＊重複表示については21頁を参照

内容コード	形態水準	反応内容	全体 N	全体 %	幼稚園 (%)	小2 (%)	小4 (%)	小6 (%)	中2 (%)
A		イモムシ	2	0.5	0	0	1.2	1.2	0
Ad		角（ウシ，クワガタなど）	4	0.9	1.2	1.2	1.2	1.2	0
Cg		靴下	2	0.5	1.2	1.2	0	0	0
Fi		火	2	0.5	0	1.2	0	0	1.0
Id		足あと	4	0.9	2.4	1.2	0	0	1.0

●D3

内容コード	形態水準	反応内容	全体 N	全体 %	幼稚園 (%)	小2 (%)	小4 (%)	小6 (%)	中2 (%)
A	o	チョウ（∨位置含む）	20	4.6	1.2	1.2	6.1	7.1	7.0
Ad		エビ・カニの顔	2	0.5	0	1.2	0	1.2	0
		サルの尻	2	0.5	0	0	1.2	0	1.0
		動物の顔（ハムスター，ウサギなど）	3	0.7	0	2.4	0	0	1.0
	u	虫の顔（∨）	5	1.1	0	0	1.2	1.2	3.0
Bl	o	*血（けが）	12	2.8	4.8	1.2	1.2	3.5	3.0
Bt		花	2	0.5	0	0	0	1.2	1.0
Fi	o	*火	26	6.0	3.6	9.4	2.4	2.4	1.0
Id		ハート	4	0.9	0	1.2	0	1.2	2.0

●DS5

内容コード	形態水準	反応内容	全体 N	全体 %	幼稚園 (%)	小2 (%)	小4 (%)	小6 (%)	中2 (%)
A		魚（マンタ，エイなど）	2	0.5	1.2	0	0	0	1.0
	u	鳥（ツバメ，ハヤブサなど）	8	1.8	0	2.4	1.2	3.5	2.0
Hh		入れ物（壺，ひょうたん）	4	0.9	0	0	0	1.2	3.0
		ランプ	2	0.5	0	0	0	1.2	1.0
Sc		傘	2	0.5	0	0	1.2	0	1.0
	u	こま（∨）	6	1.4	1.2	1.2	0	1.2	3.0
	u	建物（城，宮殿，塔）	5	1.1	0	0	0	1.2	4.0
		トンネル	2	0.5	0	2.4	0	0	0
	u	ロケット・飛行機・宇宙船（D3を噴射として含むことがある）	7	1.6	0	4.7	0	3.5	0

＊重複表示については21頁を参照

内容コード	形態水準	反応内容	全体 N	全体 %	幼稚園 (%)	小2 (%)	小4 (%)	小6 (%)	中2 (%)
●D6									
H	o	＊人間2人	9	2.1	1.2	1.2	2.4	4.7	1.0
Hd		ひげ	2	0.5	1.2	0	0	1.2	0
A		コウモリ（1匹）	2	0.5	0	0	0	0	2.0
	o	＊動物2匹（ゾウ，クマ，ウサギ，ブタ，イヌ，不特定など）	48	11.0	4.8	3.5	9.8	16.5	19.0
内訳	u	＊イヌ2匹	8	1.8	1.2	0	0	3.5	4.0
	u	ウサギ2頭	7	1.6	1.2	0	1.2	2.4	3.0
	o	＊クマ2頭	10	2.3	1.2	1.2	3.7	2.4	3.0
	o	ゾウ2頭	9	2.1	0	1.2	2.4	3.5	3.0
		鳥（1羽）	2	0.5	1.2	1.2	0	0	0
Bt		花	3	0.7	0	0	0	1.2	2.0
Ge		地図	2	0.5	0	0	0	1.2	1.0
Ls	u	＊山，火山	5	1.1	0	0	0	1.2	4.0
Na		雲	2	0.5	0	0	0	0	2.0
Ds6									
Ls	u	D4を建物とした風景	5	1.1	0	1.2	1.2	1.2	2.0
●Dd50 (D6+D3)									
A		カニ	3	0.7	0	2.4	1.2	0	0
	o	チョウ（∨位置含む）	14	3.2	3.6	3.5	3.7	3.5	2.0
	u	鳥（∨位置含む）	8	1.8	1.2	2.4	2.4	3.5	0
	u	虫（D6を羽とする。ハチ，テントウムシ）	6	1.4	0	0	2.4	2.4	2.0
Ad	u	動物の顔（D3を口とする。ブタ，ネコ，イヌなど）	6	1.4	0	4.7	0	2.4	0
(A)		恐竜	2	0.5	1.2	0	1.2	0	0
Bt		花	2	0.5	0	0	2.4	0	0

内容 コード	形態 水準	反応内容	全体 N　%		幼稚園 (%)	小2 (%)	小4 (%)	小6 (%)	中2 (%)
●Dd51 (D6＋D3＋DdS30)									
Hd		人間の顔（DdS30を目）	2	0.5	0	0	0	0	2.0

● P反応

	動物1匹（D1）[注1]			動物2匹（D6またはW）[注2]		
全体	72	16.5%		48	11.0%	
幼稚園	7	8.3%		4	4.8%	
小2	4	4.7%		3	3.5%	
小4	14	17.0%	準P	8	9.8%	
小6	17	20.0%	準P	14	16.5%	
中2	30	30.0%	準P	19	19.0%	準P

注1）D1領域に動物1匹を見た反応とD6またはW領域に動物2匹を見た反応を含む
注2）D6領域に動物2匹を見た全ての反応を含む

● 領域番号対照表

包括システム	高橋ら	名大法	阪大法	片口法	本書
D1	D1	D1	DⅡ	D1	D1
D2	D2	D3	DⅢ	D3	D2
D3	D3	D4	DⅣ	D2	D3
D4	D4	d1	d1	d1	D4
DS5	DS5	DS5	S=D		DS5
D6	D6				D6
Dd21	Dd21	D7			Dd21
Dd22	Dd22	Dd3	d2		Dd22
Dd23	Dd23	Dd4			Dd23
Dd24	Dd24	Dd5	d4		Dd24
Dd25	Dd25	Dd2			Dd25
Dd26	Dd26	Dd6			Dd26
Dd27	Dd27				Dd27
Dd28	Dd28				Dd28
DdS29	DdS29	DdS7			DdS29
DdS30	DdS30	DdS8			DdS30
Dd31	Dd31	d2	d3		Dd31
		D2	DⅠ		Dd50
					DdS51
		DS6			
		D8	※D	D	
		Dd1			

リストにはない 子どもらしい反応

「エリマキトカゲの顔（D6）」小4男子

図版Ⅲ

● 特徴

　本図版には，2つの準P反応が示されている。「人間（D9またはD1またはW）」と「リボン・蝶ネクタイ（D3）」である。日本人成人（高橋ら，2009）においては，「人間2人（WまたはD1）」と「人間1人（D9）」をそれぞれP反応としている。

　本書においては，D9単独での「人間1人」反応が少なく，ほとんどがD1領域で「人間2人と何か（D7を遊具，荷物など）」という反応であったため，合わせて集計した。他方，W反応としての「人間2人（D2やD3を火などの背景とする）」はごくわずかしか産出されていない。学年別にみると，人間反応は小2までは少なく，小4で準Pとなり小6と中2がPとなっており，さらに「人間2人」（D1またはW）に限定した場合は，小6で準P，中2でPとなることから，カードⅢにおける人間反応は対人関係の発達を反映する指標となることが確認されたと言える。

　「リボン・蝶ネクタイ（D3）」反応は，そのほとんどがWやD1の動物・人間像の一部として示されている。成人（高橋ら）では準Pの基準を満たしていない。本書においても，小4以降は出現率が半減することから，より低年齢の子どもに特徴的な反応といえるだろう。

　この他に，D1またはDd40の領域を「カマキリ」などの昆虫（いずれもD7を頭とする）とみる反応が比較的多く示されている。これは成人においてもo反応とされているものである。

- ●P反応（被検児全体）：なし
- ●準P反応（被検児全体）：人間（D9またはD1またはW）・リボン（D3）

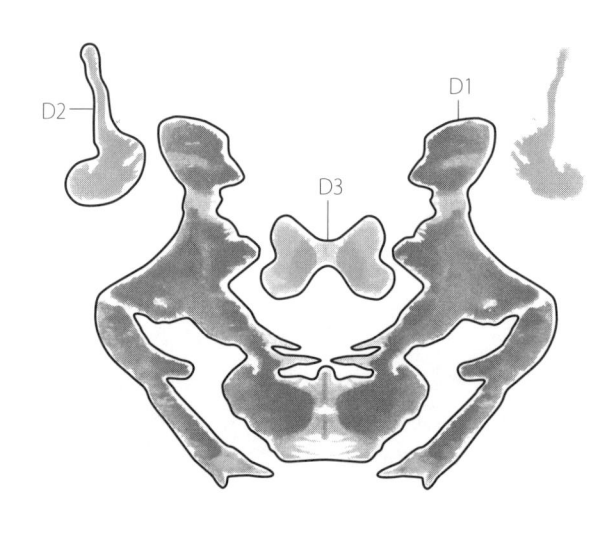

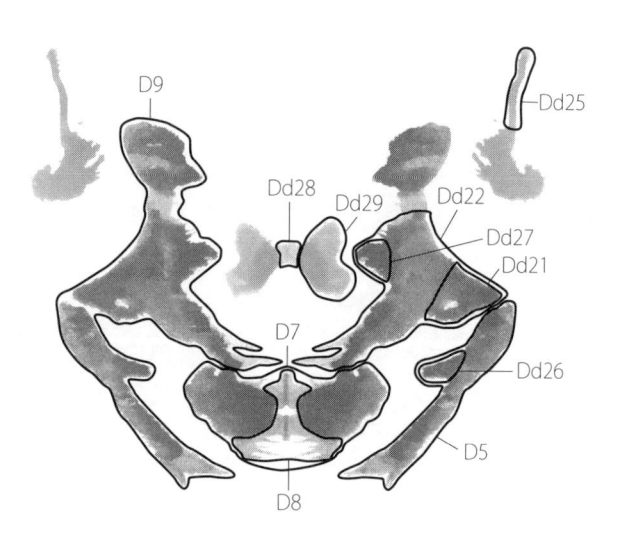

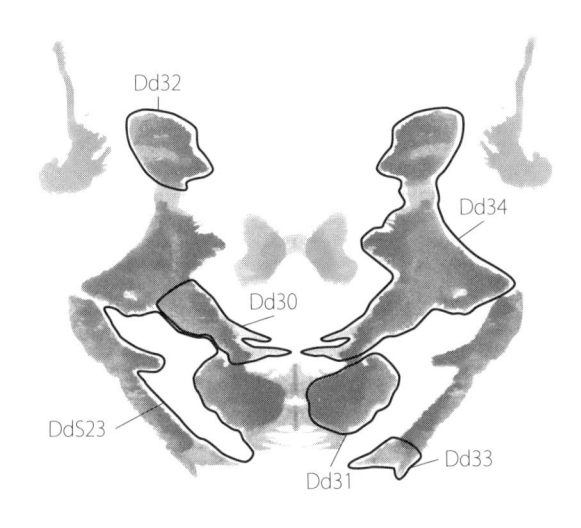

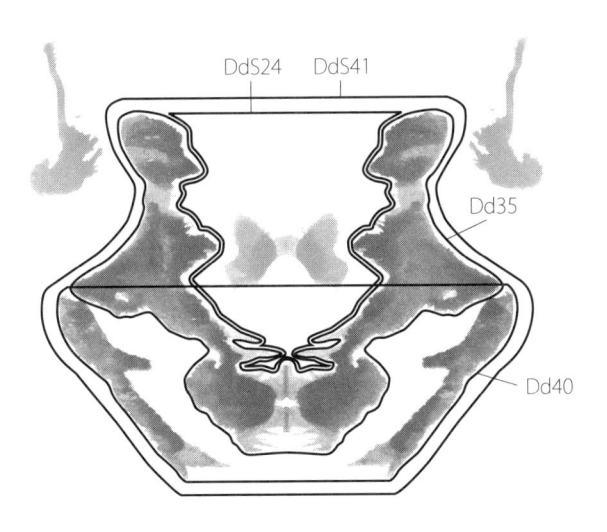

第2章　子どものロールシャッハ反応　43

Ⅲ

内容コード	形態水準	反応内容	全体 N	全体 %	幼稚園(%)	小2(%)	小4(%)	小6(%)	中2(%)
●W									
H		人間2人（D9）と何か（D7が台など，D2，D3が火など）	6	1.4	1.2	2.4	1.2	2.4	0
Hd		人の顔（Dd32が目）	4	0.9	0	1.2	0	0	3.0
(H)		おばけ2人（D9）と何か（D2血や火，火の玉）	4	0.9	2.4	1.2	0	1.2	0
		骸骨（∨）	2	0.5	0	1.2	0	1.2	0
A		カエル（D7頭，D5手）	3	0.7	1.2	0	1.2	1.2	0
		カブトムシ・クワガタ（D7頭）	2	0.5	0	1.2	1.2	0	0
	u	クモ（D7頭）	6	1.4	0	3.5	2.4	1.2	0
	u	虫（カマキリ，カミキリムシ，コオロギ，ヤゴなど）（D7頭）	5	1.1	1.2	1.2	3.7	0	0
Ad	u	動物の顔（ウシ，ネコ，トラなど）（D2が耳または角）	5	1.1	0	0	1.2	0	4.0
●D1									
H		人間1人（D7頭，D5手）（∨）	2	0.5	1.2	0	0	1.2	0
	o	＊人間2人（D7を遊具，家具，バッグ，荷物，焚き火など）	101	23.2	4.8	9.4	15.9	32.9	48.0
Hd		人間の顔（Dd32目）	3	0.7	0	1.2	0	2.4	0
		人間の上半身（D5手，Dd32頭）	2	0.5	0	0	0	2.4	0
(H)		骸骨（D7頭）（∨）	2	0.5	1.2	1.2	0	0	0
		擬人化した鳥2人（鳥のおばさん，小鳥の友達）	2	0.5	0	0	0	2.4	0
		ロボット（D7頭）（∨）	3	0.7	1.2	0	2.4	0	0
A	u	カエル（D7頭）	7	1.6	3.6	0	2.4	1.2	1.0

内容コード	形態水準	反応内容	全体 N	全体 %	幼稚園 (%)	小2 (%)	小4 (%)	小6 (%)	中2 (%)
		カニ（Dd3 2目）	2	0.5	1.2	0	1.2	0	0
		カニ（D7頭, D5はさみ）（∨）	2	0.5	0	0	2.4	0	0
	u	動物2匹（イヌ，サル）（D9が1匹）	5	1.1	0	1.2	1.2	0	3.0
	u	鳥2羽（D9が1羽のトリ）	8	1.8	0	0	2.4	1.2	5.0
	o	虫1匹（カマキリ，クモ，カミキリムシ，バッタ，不特定など）（D7頭）	47	10.8	8.3	5.9	13.4	15.3	11.0
内訳	o	カマキリ（D7頭）	9	2.1	2.4	0	2.4	3.5	2.0
	u	クモ（D7頭）	8	1.8	2.4	1.2	2.4	3.5	0
	o	虫（不特定）	22	5.0	2.4	3.5	3.7	7.1	8.0
Ad	o	カエルの顔（Dd32目）	12	2.8	0	4.7	8.5	1.2	0
		虫の上半身（カマキリ，バッタ）（D7頭, D5足）	3	0.7	2.4	0	1.2	0	0
	o	動物の顔（ウシ，ウマ，イノシシ，トラなど）（Dd32耳）	18	4.1	1.2	5.9	7.3	2.4	4.0
(A)		怪物・怪獣（D7頭, D5手）（∨）	3	0.7	0	1.2	1.2	1.2	0

●D2

内容コード	形態水準	反応内容	全体 N	全体 %	幼稚園 (%)	小2 (%)	小4 (%)	小6 (%)	中2 (%)
H		人間（下が頭）	2	0.5	0	0	0	1.2	1.0
Bl	u	*血	6	1.4	2.4	2.4	0	2.4	0
Fi		*灯り・電気	3	0.7	0	2.4	0	0	1.0
	o	*火・炎	13	3.0	4.8	2.4	1.2	3.5	3.0
	o	*火の玉・ひと玉	18	4.1	2.4	4.7	6.1	7.1	1.0
Mu		ギター	2	0.5	0	0	0	0	2.0
Sc		杖	3	0.7	0	1.2	0	2.4	0
Id		*音符	2	0.5	1.2	0	1.2	0	0

＊重複表示については21頁を参照

内容コード	形態水準	反応内容	全体 N	全体 %	幼稚園 (%)	小2 (%)	小4 (%)	小6 (%)	中2 (%)
●D3									
A	o	＊チョウ	17	3.9	2.4	2.4	4.9	7.1	3.0
Cg	o	＊リボン・蝶ネクタイ	120	27.5	38.1	40	17.1	23.5	20.0
●D5									
A	u	魚	6	1.4	1.2	0	0	2.4	3.0
●D7									
(Hd)		怪物の頭	3	0.7	3.6	0	0	0	0
Ad	o	虫の顔（カマキリ，バッタ，不特定など）	15	3.4	2.4	0	1.2	5.9	7.0
		ブタの鼻	2	0.5	0	0	1.2	0	1.0
An		骸骨の頭	2	0.5	0	0	0	0	2.0
●D9									
H	o	人間1人	17	3.9	1.2	3.5	3.7	7.1	4.0
	u	人間1人（Dd31手）	7	1.6	1.2	0	3.7	3.5	0
(H)		おばけ	2	0.5	1.2	1.2	0	0	0
		骸骨	2	0.5	1.2	1.2	0	0	0
A		キリン	2	0.5	0	0	0	2.4	0
		サル	2	0.5	0	0	2.4	0	0
	u	鳥（アヒル，フラミンゴ，ダチョウ）	6	1.4	2.4	0	2.4	2.4	0
●Dd40 (D7+D5)									
Ad	o	虫の頭と手（D7＋D5＋D5）（カマキリ，カミキリムシ，セミ，不特定など）	44	10.1	0	12.9	18.3	11.8	8.0
内訳 [	o	カマキリ（D7顔，D5手）	18	4.1	0	7.1	7.3	3.5	3.0
		カニ	2	0.5	0	0	0	0	2.0
	u	クモ	5	1.1	0	1.2	3.7	1.2	0

内容コード	形態水準	反応内容	全体 N	全体 %	幼稚園 (%)	小2 (%)	小4 (%)	小6 (%)	中2 (%)
	o	特定しない虫	9	2.1	0	3.5	1.2	1.2	4.0
●DdS23									
A		鳥	3	0.7	0	0	0	1.2	2.0
●Dd31									
Ad		動物の顔	2	0.5	0	0	0	0	2.0
●Dd32									
Ad		鳥の顔（ガチョウ，キツツキ，アヒル）	3	0.7	1.2	0	0	1.2	1.0
●Dd34									
Hd		人間の上半身	5	1.1	0	1.2	0	1.2	3.0
A		イヌ	2	0.5	0	1.2	0	0	1.0
		鳥	4	0.9	1.2	1.2	0	1.2	1.0
●DdS41									
H		人間（D3リボン）（∨）	2	0.5	1.2	0	0	0	1.0
(H)		骸骨，ミイラ	4	0.9	1.2	1.2	1.2	1.2	0
A		アリ（D7頭，D5手，D3心臓）	2	0.5	1.2	0	0	1.2	0
		カエル（D7頭，D5手，D3リボン）	5	1.1	1.2	3.5	0	0	1.0
		カニ（D5はさみ）	4	0.9	0	0	0	2.4	2.0
		クモ（D7頭，D5手，D3リボン）	3	0.7	1.2	2.4	0	0	0
Ad		カエルの顔	3	0.7	0	0	0	0	3.0
		カマキリの上半身（D7頭，D5手，D3リボン）	3	0.7	1.2	0	0	1.2	1.0
	o	動物の顔（キツネ，オオカミ，ネコ，トラなど）（D3目）	13	3.0	0	12.9	1.2	0	1.0
Cg		洋服・ドレス（D3リボン）	2	0.5	0	1.2	0	1.2	0

内容コード	形態水準	反応内容	全体 N	全体 %	幼稚園(%)	小2(%)	小4(%)	小6(%)	中2(%)
Hh		壺・びん	3	0.7	1.2	0	1.2	1.2	0

●P反応

	リボン・蝶ネクタイ (D3)			人間1人 (D9) [注1)]			人間2人 (D1) [注2)]		
全体	120	27.5%	準P	118	27.1%	準P	101	23.2%	準P
幼	32	38.1%	P	5	6.0%		4	4.8%	
小2	34	40.0%	P	11	12.9%		8	9.4%	
小4	14	17.1%	準P	16	19.5%	準P	13	15.9%	
小6	20	23.5%	準P	34	40.0%	P	28	32.9%	準P
中2	20	20.0%	準P	52	52.0%	P	48	48.0%	P

注1) D9領域に人間1人を見た反応とWまたはD1領域に人間2人を見た反応を含む

注2) D1領域に人間2人を見た全ての反応を含む

●領域番号対照表

包括システム	高橋ら	名大法	阪大法	片口法	本書
D1	D1	D3	W		D1
D2	D2	D2	DⅠ	D1	D2
D3	D3	D4	DⅢ	D3	D3
D5	D5	D5	DⅣ	D4	D5
D7	D7	D6	DⅤ	D5	D7
D8	D8	D10	DⅦ		D8
D9	D9	D1	DⅡ	D2	D9
Dd21	Dd21	d3			Dd21
Dd22	Dd22	D9	DⅥ		Dd22
DdS23	DdS23	DdS1			DdS23
DdS24	DdS24	DdS2			DdS24
Dd25	Dd25	Dd4			Dd25
Dd26	Dd26				Dd26
Dd27	Dd27		d3		Dd27
Dd28	Dd28				Dd28
Dd29	Dd29	Dd3			Dd29
Dd30	Dd30				Dd30
Dd31	Dd31	D8	DⅧ	D7	Dd31
Dd32	Dd32	d1	d1	d1	Dd32
Dd33	Dd33	d2	d2	d2	Dd33
Dd34	Dd34	D7	DⅥ	D6	Dd34
Dd35	Dd35				Dd35
	Dd40				Dd40
	DdS41				DdS41
			DⅨ	D8	

子どもらしい反応
リストにはない

「UFOキャッチャー！」

Tea Break

「UFOキャッチャー（D1）」小4女子

図版Ⅳ

●特徴

　本図版では,「人間または人間類似のもの（WまたはD7領域）」が全体で準P反応となっている。日本人成人（高橋ら，2009）では「人間または人間類似のもの（WまたはD7領域）」がP反応となっており，子どもの場合でも，成人と同様の傾向を示している。ただし，小6ではP反応，幼稚園，小4と中2では準P反応であるが，小2では準P反応になっておらず，学年間で多少のばらつきがあるといえる。内容では現実的な人間よりも「巨人」や「怪物」などの人間類似反応が多いのが特徴である。日本人成人では，同じ領域で「怪獣」もC（本書の準P）反応となっているが，子どもは「怪獣」が12.2％と比較的多いものの，準P反応の基準は満たしていない。

　もうひとつの特徴として，日本人成人（高橋ら）では「毛皮（WまたはD7）」がC（本書の準P）反応となっているのに対し，子どもの場合は「毛皮」反応自体が極めて少ない（小6，中2で各1）のが特徴である。

　またこの他に，「土偶（W）」や「ロボット（W）」などの反応,「靴（D2）」,「カマキリのカマ（D4）」などの反応は，日本人成人の形態水準表には記載がない反応であり，これらの反応も子どもの特徴といえるであろう。

- ●P反応（被検児全体）：なし
- ●準P反応（被検児全体）：人間または人間類似（WかD7）

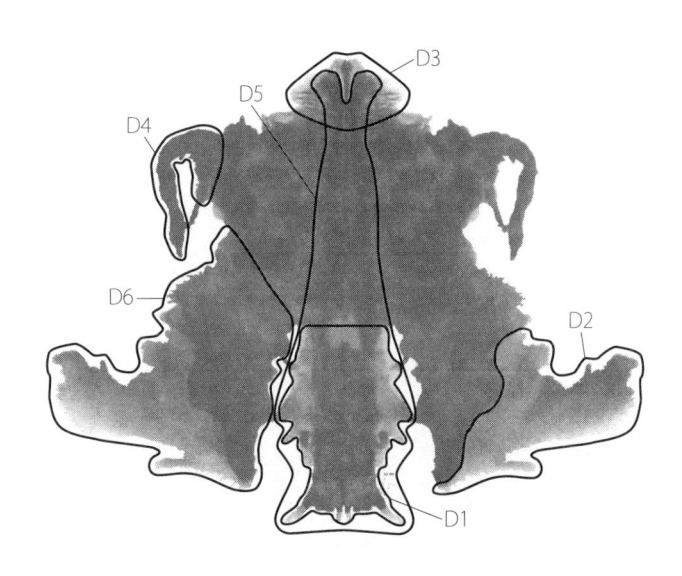

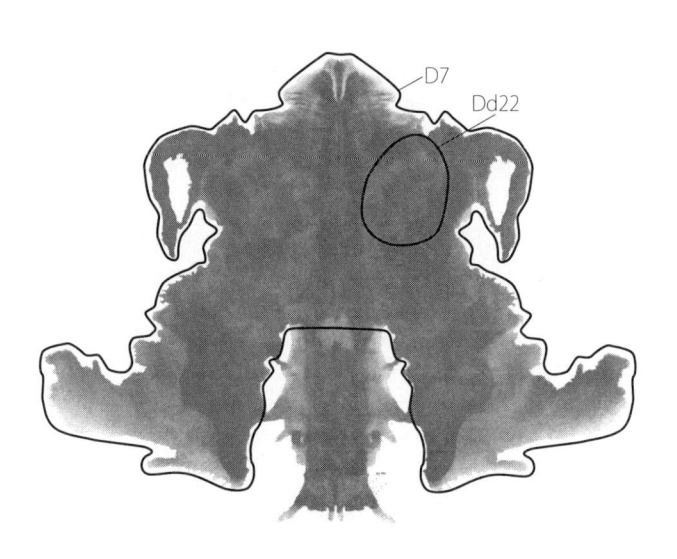

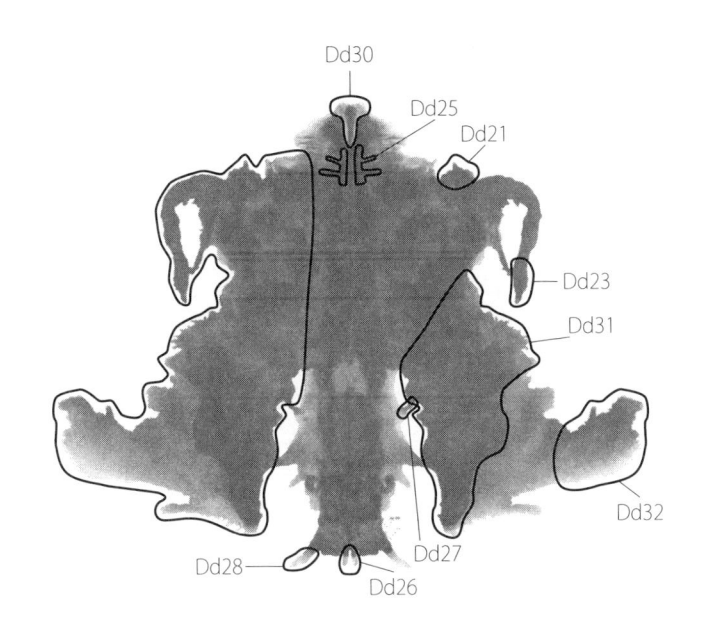

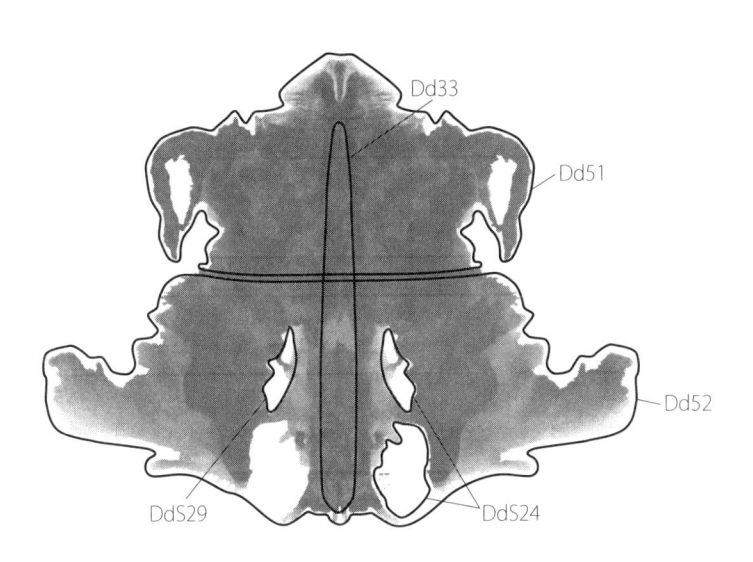

第2章　子どものロールシャッハ反応　53

Ⅳ

内容コード	形態水準	反応内容	全体 N	全体 %	幼稚園 (%)	小2 (%)	小4 (%)	小6 (%)	中2 (%)
●W									
H	o	人間（D1に言及しない）	22	5.0	7.1	1.2	1.2	10.6	5.0
		人間（D1頭）（∨）	3	0.7	1.2	1.2	1.2	0	0
	o	人間と何か（D1イス，木など）	13	3.0	2.4	1.2	6.1	2.4	3.0
(H)	u	悪魔・魔王など	5	1.1	3.6	0	0	2.4	0
	o	大男・巨人（D1に言及しない）	12	2.8	0	1.2	6.1	4.7	2.0
		鬼	2	0.5	2.4	0	0	0	0
	o	怪物・化け物・妖怪など	22	5.0	2.4	3.5	6.1	10.6	3.0
		怪物・おばけ（∨）	2	0.5	1.2	0	0	0	1.0
		土偶	2	0.5	0	0	1.2	1.2	0
	u	ロボット	6	1.4	3.6	2.4	1.2	0	0
A		ガ（D1またはD3頭）	4	0.9	1.2	0	0	2.4	1.0
	u	カエル（D3頭）	5	1.1	2.4	1.2	1.2	1.2	0
	u	カマキリ・バッタ（D3頭）	5	1.1	2.4	0	0	2.4	1.0
		カメ（D3頭）	2	0.5	0	1.2	0	0	1.0
	o	コウモリ（D1またはD3頭）	10	2.3	2.4	3.5	0	2.4	3.0
	u	特定しない虫（D1頭）	5	1.1	0	1.2	1.2	1.2	2.0
	u	ゾウ・マンモス（D3頭）	8	1.8	1.2	3.5	2.4	2.4	0
	u	チョウ（D1またはD3頭）	6	1.4	1.2	3.5	2.4	0	0
	o	動物（D1頭。ウシ，イノシシ，ゾウなど）	11	2.5	0	9.4	0	0	3.0
内訳 [	u	イノシシ（D1が頭）	5	1.1	0	0	0	0	5.0
	o	動物（D3頭。クマ，ゴリラ，イヌ，ウサギ，タヌキなど）	21	4.8	3.6	8.2	7.3	2.4	3.0
内訳 [	u	ゴリラ・サル（D3頭）	5	1.1	1.2	3.5	0	0	1.0
	u	クマ（D3頭）	8	1.8	0	2.4	4.9	1.2	1.0

内容コード	形態水準	反応内容	全体 N	全体 %	幼稚園 (%)	小2 (%)	小4 (%)	小6 (%)	中2 (%)
	u	特定しない動物	6	1.4	1.2	1.2	1.2	1.2	2.0
	o	鳥（D1またはD3頭）	24	5.5	4.8	4.7	8.5	7.1	3.0
		モモンガ・ムササビ	2	0.5	0	0	2.4	0	0
Ad		毛皮	2	0.5	0	0	1.2	0	1.0
	o	動物の顔（ゾウ，ウシ，イヌ，タヌキ，クマなど）	25	5.7	1.2	9.4	9.8	3.5	5.0
内訳	u	イヌの顔	6	1.4	0	3.5	1.2	1.2	1.0
	u	ウシの顔	7	1.6	0	3.5	3.7	1.2	0
		バッタの顔	2	0.5	0	0	1.2	0	1.0
(A)	o	怪獣（D3頭）	53	12.2	17.9	11.8	12.2	8.2	11.0
	o	恐竜（D3頭）	13	3.0	2.4	3.5	3.7	4.7	1.0
	o	竜・ドラゴン（D1頭）	23	5.3	2.4	4.7	9.8	5.9	4.0
Bt	o	木	50	11.5	3.6	9.4	13.4	16.5	14.0
		花	3	0.7	0	1.2	0	0	2.0
Fi		火・炎	2	0.5	0	0	1.2	0	1.0
Hh		壺・花瓶	3	0.7	0	0	0	2.4	1.0
		ランプ	2	0.5	0	0	0	2.4	0
Ls		山	3	0.7	0	0	0	2.4	1.0
Na		滝	2	0.5	0	1.2	1.2	0	0
Sc		いかり	3	0.7	1.2	0	0	2.4	0
	u	城・建物	5	1.1	2.4	0	1.2	1.2	1.0
		城・建物（∨）	2	0.5	0	0	0	0	2.0
		飛行船	2	0.5	0	0	1.2	1.2	0
		門	2	0.5	0	0	1.2	0	1.0

●D1

内容コード	形態水準	反応内容	全体 N	全体 %	幼稚園 (%)	小2 (%)	小4 (%)	小6 (%)	中2 (%)
A		イモムシ	2	0.5	0	0	0	1.2	1.0
Ad		動物の顔（ウマなど）	4	0.9	0	1.2	1.2	0	2.0
(Ad)	o	竜の顔	10	2.3	0	0	2.4	4.7	4.0
Sc		城（∨）	2	0.5	0	0	0	0	2.0

内容コード	形態水準	反応内容	全体 N	全体 %	幼稚園 (%)	小2 (%)	小4 (%)	小6 (%)	中2 (%)
●D2									
A		イヌ	3	0.7	0	0	0	0	3.0
Ad		イヌ・オオカミの顔	2	0.5	0	0	0	1.2	1.0
	u	靴（D2 + D2を含む）	5	1.1	0	2.4	1.2	2.4	0
●D3									
Ad		鳥の顔	2	0.5	0	0	0	0	2.0
Bt		花	2	0.5	2.4	0	0	0	0
●D4									
Ad		カマキリの鎌	2	0.5	0	1.2	1.2	0	0
	u	鳥の頭（D4 + D4を含む）	4	0.9	1.2	0	0	1.2	2.0
		ヒツジの角（D4 + D4を含む）	2	0.5	0	1.2	0	1.2	0
●D5									
Bt		木	2	0.5	2.4	0	0	0	0
●D6									
Hd	u	足（D6 + D6を含む）	8	1.8	1.2	0	2.4	1.2	4.0
Ad		イヌ・オオカミの顔	3	0.7	0	0	0	1.2	2.0
Cg	o	靴（D6 + D6を含む）	11	2.5	0	1.2	2.4	0	8.0
●D7									
H	o	人間	10	2.3	0	3.5	1.2	4.7	2.0
(H)	u	怪物・化け物・妖怪	5	1.1	0	2.4	1.2	1.2	1.0
	u	巨人	7	1.6	0	1.2	1.2	2.4	3.0
A		ゾウ・マンモス	2	0.5	0	1.2	0	0	1.0
●Dd50 (名大式D3)									
A		鳥	3	0.7	0	0	0	1.2	2.0

内容コード	形態水準	反応内容	全体 N	全体 %	幼稚園 (%)	小2 (%)	小4 (%)	小6 (%)	中2 (%)
●Dd51 （Wの上半分）									
Ad	u	動物の顔（ヤギ，ウシ）	5	1.1	0	1.2	3.7	0	1.0
●Dd52 （Wの下半分）									
A		コウモリ（D6羽）	3	0.7	0	0	0	1.2	2.0
	u	鳥（D6羽）	5	1.1	0	1.2	1.2	0	3.0
Sc		城（∨）	2	0.5	0	0	0	1.2	1.0

IV

● P反応

	人間または人間類似（WかD7）			怪獣（W）		
全体	98	22.5%	準P	53	12.2%	
幼稚園	15	17.9%	準P	15	17.9%	準P
小2	12	14.1%		10	11.8%	
小4	19	19.0%	準P	10	12.2%	
小6	33	38.8%	P	7	8.2%	
中2	19	19.0%	準P	11	11.0%	

● 領域番号対照表

包括システム	高橋ら	名大法	阪大法	片口法	本書
D1	D1	D1	DⅠ	D1	D1
D2	D2	D4	DⅡ	D2	D2
D3	D3	d1	d1	d1	D3
D4	D4	d2	d2	d2	D4
D5	D5	D2	DⅤ	D4	D5
D6	D6	D5	DⅢ	D3	D6
D7	D7				D7
Dd21	Dd21	Dd2			Dd21
Dd22	Dd22	Dd1			Dd22
Dd23	Dd23				Dd23
Dd25	Dd25				Dd25
Dd26	Dd26	Dd4			Dd26
Dd27	Dd27				Dd27
Dd28	Dd28				Dd28
Dd30	Dd30				Dd30
Dd31	Dd31		DⅣ		Dd31
Dd32	Dd32	d3	d3	d3	Dd32
Dd33	Dd33				Dd33
DdS24	DdS24	DdS3			DdS24
DdS29	DdS29	DdS5			DdS29
		D3			Dd50
					Dd51
					Dd52
			d4		
			d5		
			d6		

第2章 子どものロールシャッハ反応 59

リストにはない 子どもらしい反応

漢字の「木」という字！

Tea Break

「漢字の『木』という字（W）」中2男子

子どもらしい反応

「リストにはない」

「エッフェル塔に怪獣が登ってる！」

ガオーッ！

Tea Break

「エッフェル塔に怪獣が登っている（D1）」小2女子

図版Ⅴ

● **特徴**

　P反応である「チョウ（W）」の出現率は49％であり，本書に掲載した全反応の中でもっとも出現頻度の高い反応である。また，包括システムでは「コウモリ（W）」もPであるが，本書では準Pである。ただし，学年別の出現率では，幼稚園に限っては，実際には見る機会が少ないであろう「コウモリ」の出現率が「チョウ」を上回るという興味深い結果であった。

　その他にoの基準を満たした反応として，「チョウ（逆位置）」，「コウモリ（逆位置）」，「鳥」，「ガ」，「羽のある虫」の5個があり，いずれも"羽のある動物反応（W）"である。さらに，"羽のある動物反応（W）"以外で，uの基準を満たした反応は，「妖精（W）」「カニ（W）」「ワニ（D4）」「カニのはさみ（D10）」「チョウ・ガ（Dd50）」の5個にすぎない。本図版では，"羽のある動物反応（W）"が非常に高い頻度で出現し，その他の反応が産出されることは少ないということができるであろう。

●Ｐ反応（被検児全体）：チョウ（W）
●準Ｐ反応（被検児全体）：コウモリ（W）

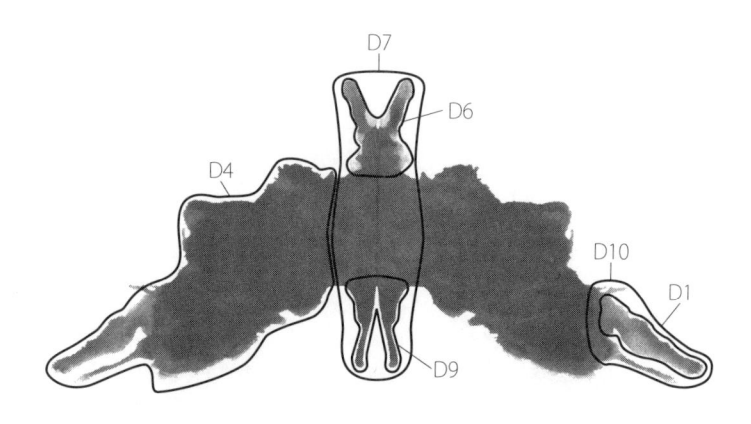

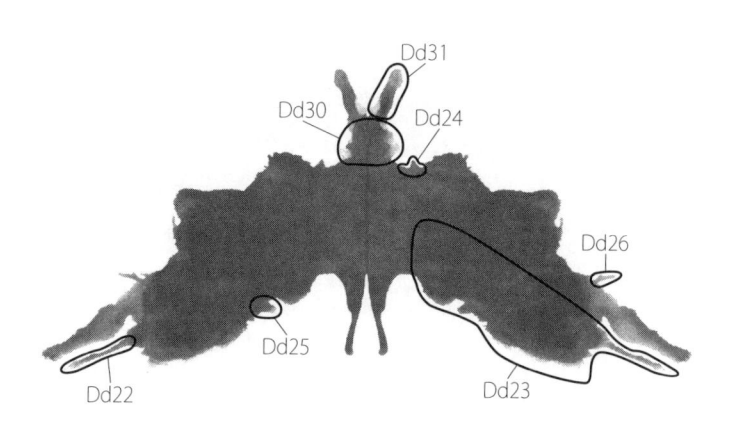

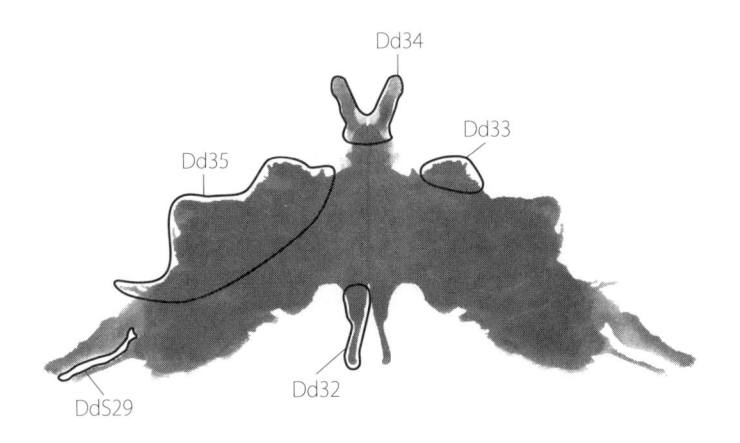

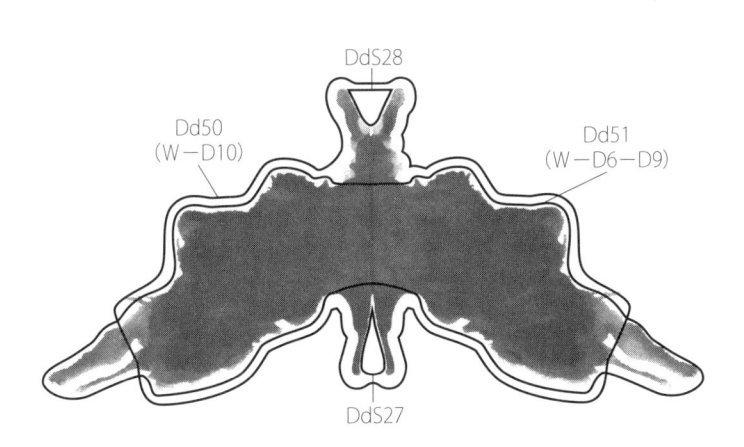

第2章 子どものロールシャッハ反応 63

Ⅴ

内容コード	形態水準	反応内容	全体 N	全体 %	幼稚園 (%)	小2 (%)	小4 (%)	小6 (%)	中2 (%)
●W									
H		人間1人（衣装や飾りをつけた）	3	0.7	1.2	0	1.2	0	1.0
		人間1人（手（D4）が大きい）	4	0.9	0	0	1.2	1.2	2.0
		人間3人（左右と中央の人）	2	0.5	0	0	0	1.2	1.0
(H)		ドラキュラ・吸血鬼	3	0.7	1.2	0	1.2	1.2	0
		羽のある人	4	0.9	0	2.4	0	2.4	0
	u	妖精	8	1.8	2.4	0	3.7	2.4	1.0
A		イモムシ	2	0.5	0	0	1.2	1.2	0
	o	ガ	32	7.3	1.2	5.9	9.8	8.2	11.0
	u	ガ（∨）	6	1.4	0	0	2.4	1.2	3.0
	u	カニ（D4 ははさみ）（∨位置含む）	7	1.6	4.8	0	1.2	0	2.0
		クワガタ	2	0.5	1.2	1.2	0	0	0
	o	コウモリ	113	25.9	36.9	21.2	19.5	29.4	23.0
	o	コウモリ（∨）	13	3.0	3.6	3.5	1.2	1.2	5.0
	o	チョウ	215	49.3	26.2	57.6	63.4	57.6	43.0
	o	チョウ（∨）	48	11	7.1	11.8	14.6	5.9	15.0
	o	鳥（スズメ，ツバメ，カラス，カモメなど）(D6頭)	72	16.5	14.3	16.5	12.2	27.1	13.0
	u	鳥（D9頭）（∨）	6	1.4	0	0	6.1	0	1.0
		鳥2羽	2	0.5	0	0	1.2	1.2	0
	o	羽のある虫（トンボ，ハチ，アブ，不特定など）	13	3.0	1.2	4.7	0	3.5	5.0
		ナメクジ	2	0.5	0	0	1.2	0	1.0
(A)	u	ウサギの変形（羽のあるウサギ，ウサギと何かが合体）	8	1.8	1.2	3.5	1.2	2.4	1.0

内容コード	形態水準	反応内容	全体 N	全体 %	幼稚園(%)	小2(%)	小4(%)	小6(%)	中2(%)
	u	羽のある怪獣（モスラなど）	5	1.1	2.4	2.4	0	0	1.0
	u	羽のある恐竜	5	1.1	3.6	1.2	0	0	1.0

●D4

内容コード	形態水準	反応内容	全体 N	全体 %	幼稚園(%)	小2(%)	小4(%)	小6(%)	中2(%)
A	u	ワニ	5	1.1	0	1.2	2.4	1.2	1.0
Ad		ワニの口	3	0.7	0	0	3.7	0	0

●D6

内容コード	形態水準	反応内容	全体 N	全体 %	幼稚園(%)	小2(%)	小4(%)	小6(%)	中2(%)
Ad		ウサギの頭	2	0.5	0	0	1.2	1.2	0
		カタツムリの頭	2	0.5	1.2	0	1.2	0	0

●D7

内容コード	形態水準	反応内容	全体 N	全体 %	幼稚園(%)	小2(%)	小4(%)	小6(%)	中2(%)
A		ナメクジ	2	0.5	0	0	0	0	2.0

●D9

内容コード	形態水準	反応内容	全体 N	全体 %	幼稚園(%)	小2(%)	小4(%)	小6(%)	中2(%)
Hd		人間の足	3	0.7	0	0	1.2	2.4	0

●D10

内容コード	形態水準	反応内容	全体 N	全体 %	幼稚園(%)	小2(%)	小4(%)	小6(%)	中2(%)
Ad		イヌ・オオカミの顔	4	0.9	0	0	0	2.4	2.0
	u	カニのはさみ	5	1.1	2.4	1.2	1.2	0	1.0
		ワニの口	4	0.9	0	1.2	1.2	0	2.0
Hh		はさみ	2	0.5	0	2.4	0	0	0

●Dd31

内容コード	形態水準	反応内容	全体 N	全体 %	幼稚園(%)	小2(%)	小4(%)	小6(%)	中2(%)
Ad		ウサギの耳	2	0.5	1.2	0	1.2	0	0

●Dd50（Wカット：両方のD10をカット）

内容コード	形態水準	反応内容	全体 N	全体 %	幼稚園(%)	小2(%)	小4(%)	小6(%)	中2(%)
A	u	チョウ・ガ	5	1.1	0	3.5	2.4	0	0

●Dd51（Wカット：D6，D9をカット）

内容コード	形態水準	反応内容	全体 N	全体 %	幼稚園(%)	小2(%)	小4(%)	小6(%)	中2(%)
Sc		ブーメラン	4	0.9	0	0	1.2	0	3.0

● P反応

	コウモリ（W）			チョウ（W）			トリ（W）		
全体	113	25.9%	準P	215	49.3%	P	72	16.5%	
幼	31	36.9%	P	22	26.2%	準P	12	14.3%	
小2	18	21.2%	準P	49	57.6%	P	14	16.5%	
小4	16	19.5%	準P	52	63.4%	P	10	12.2%	
小6	25	29.4%	準P	49	57.6%	P	23	27.1%	準P
中2	23	23.0%	準P	43	43.0%	P	13	13.0%	

● 領域番号対照表

包括システム	高橋ら	名大法	阪大法	片口法	本書
D1	D1	d1	d2	d2	D1
D4	D4	D1	DⅠ	D1	D4
D6	D6	d2	d1		D6
D7	D7	D2	DⅡ	D2	D7
D9	D9	d3	d3	d3	D9
D10	D10	d1		d2	D10
Dd22	Dd22	d7	d4		Dd22
Dd23	Dd23				Dd23
Dd24	Dd24				Dd24
Dd25	Dd25				Dd25
Dd26	Dd26				Dd26
Dd30	Dd30	Dd4			Dd30
Dd31	Dd31	Dd2			Dd31
Dd32	Dd32				Dd32
Dd33	Dd33	d6			Dd33
Dd34	Dd34	d5		d1	Dd34
Dd35	Dd35	d4	d5	d5	Dd35
DdS27	DdS27				DdS27
DdS28	DdS28				DdS28
DdS29	DdS29				DdS29
					Dd50
					Dd51
		Dd1			
		Dd3	d6	d4	

第 2 章　子どものロールシャッハ反応　67

「ポケモン（W）」幼稚園男子

「カチューシャをしている人面チョウ（全体，Dd34がカチューシャ）」小6女子

図版 Ⅵ

●特徴

　本図版で，もっとも多くみられた反応は「弦楽器（WまたはDd50）」（ギター，バイオリン，三味線，チェロ，コントラバス等）であったが，全体では30.5％であり準P反応になっている。学年別にみると，小6のみがP反応である（54.1％）。小2，小4と中2においては，準Pとなっている。この図版のW領域を「弦楽器」とみやすい傾向は日本人に特徴的なものであり，成人（高橋ら，2009）においては，「弦楽器」がP反応になっているものの，諸外国ではP反応ではない。

　次に多くみられた反応は，W領域の「動物の全身像（キツネ，オオカミ，イヌ，ネコ，トラのような鼻先が尖っているか，ひげが特徴的な動物）」である一方，成人ではP反応となっている「動物の毛皮」について言及した反応は，子どもでは非常に少ない。子どもにおいて多くみられる反応は，「カブトムシ（W）」である。他に，子どもに特徴的と思われる反応に「星（D1）」がある。

　また，天狗などの「人間の横顔（D4）」反応は，小4以降に出現している。

70

- ●P反応（被検児全体）：なし
- ●準P反応（被検児全体）：弦楽器（WまたはDd50）

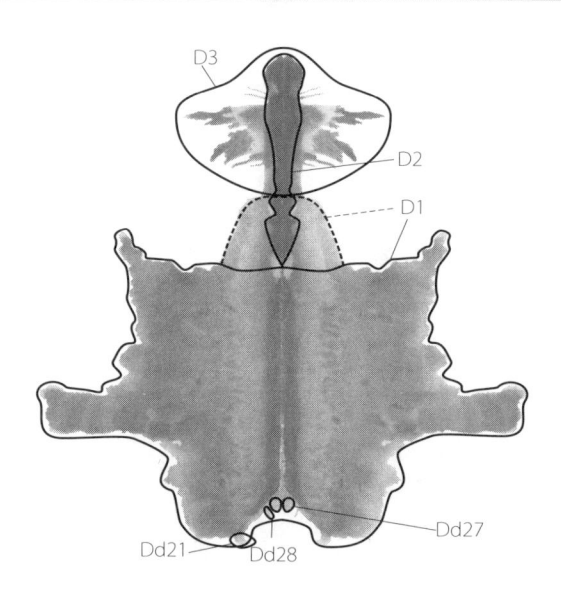

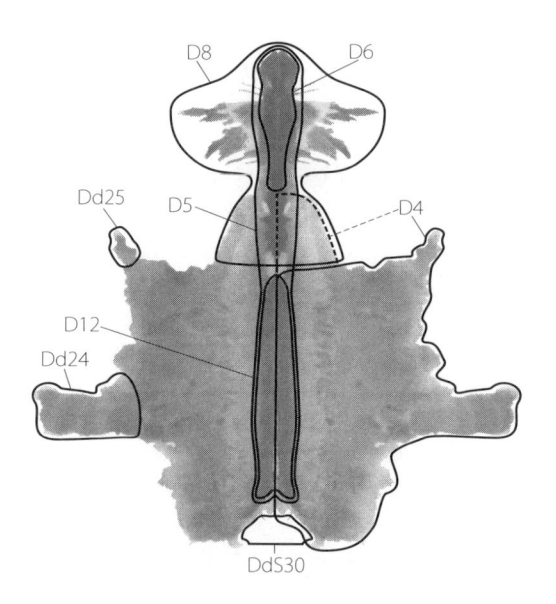

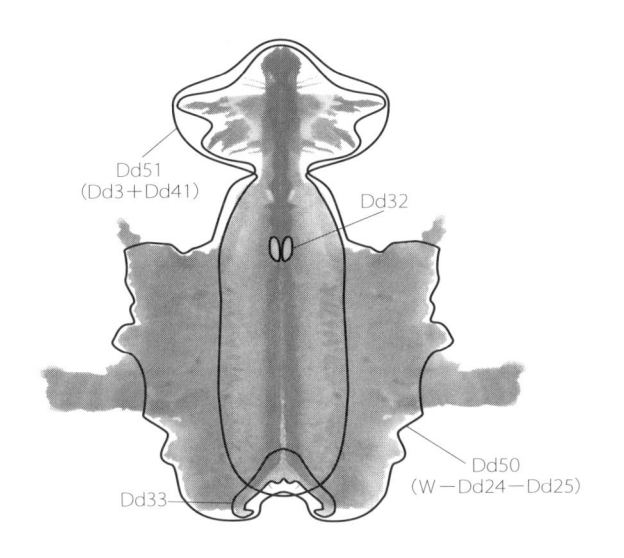

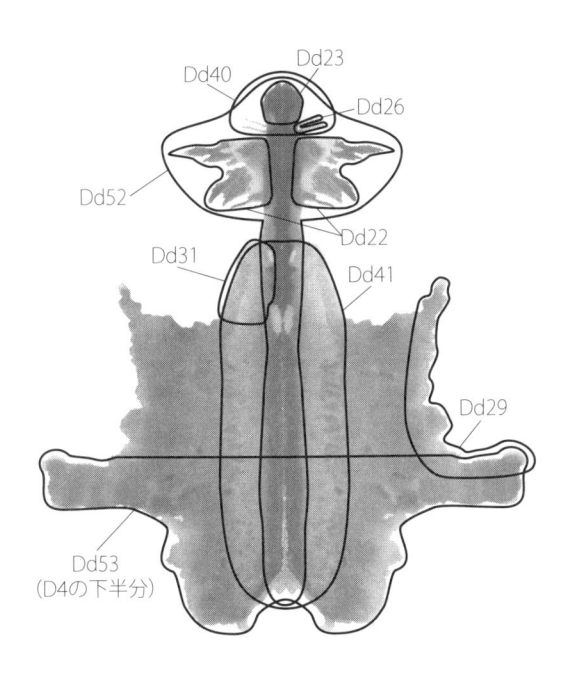

Dd51
(Dd3＋Dd41)

Dd32

Dd33

Dd50
(W－Dd24－Dd25)

Dd40　Dd23
　　　　Dd26

Dd52

Dd22

Dd31　Dd41

Dd29

Dd53
(D4の下半分)

Ⅵ

内容コード	形態水準	反応内容	全体 N	全体 %	幼稚園 (%)	小2 (%)	小4 (%)	小6 (%)	中2 (%)
●W									
H		人間1人	2	0.5	1.2	0	0	1.2	0
		人間1人と何か（D3人間，D1台など）	4	0.9	0	1.2	0	1.2	2.0
(H)		おばけ・幽霊（D3頭）	3	0.7	3.6	0	0	0	0
	u	かかし（∨）	6	1.4	1.2	2.4	0	3.5	0
(Hd)		天狗の顔	2	0.5	0	0	0	2.4	0
A	o	カブトムシ	27	6.2	6.0	15.3	4.9	4.7	1.0
	u	カメ	6	1.4	1.2	1.2	1.2	3.5	0
	u	クモ（∨位置含む）	6	1.4	3.6	1.2	0	1.2	1.0
	o	魚（D3尾）	19	4.4	4.8	4.7	4.9	3.5	4.0
		サソリ	4	0.9	0	1.2	2.4	1.2	0
	o	動物（キツネ，オオカミ，イヌ，ネコ，トラ，など）	48	11.0	14.3	15.3	18.3	5.9	3.0
内訳	o	キツネ（D3頭）	19	4.4	4.8	7.1	7.3	2.4	1.0
	u	オオカミ	5	1.1	1.2	2.4	2.4	0	0
	u	ネコ	7	1.6	2.4	2.4	2.4	1.2	0
	u	特定しない動物	5	1.1	2.4	1.2	1.2	0	1.0
		特定しない虫（D3頭）	3	0.7	0	0	1.2	2.4	0
	o	鳥（D1羽，∨位置含む）	10	2.3	2.4	4.7	3.7	1.2	0
	u	モモンガ，ムササビ	9	2.1	0	1.2	3.7	1.2	4.0
Ad		キツネの顔（∨）	2	0.5	1.2	1.2	0	0	0
		魚の骨	2	0.5	1.2	1.2	0	0	0
	u	動物の毛皮	6	1.4	0	0	2.4	3.5	1.0
(A)		怪獣（D3頭）	2	0.5	2.4	0	0	0	0
		恐竜	4	0.9	1.2	1.2	1.2	1.2	0
	u	竜	5	1.1	0	0	4.9	0	1.0
Bt		木	3	0.7	1.2	0	1.2	1.2	0
	o	木（∨）	10	2.3	2.4	1.2	2.4	2.4	3.0
	o	葉	17	3.9	1.2	5.9	7.3	4.7	1.0

内容コード	形態水準	反応内容	全体 N	全体 %	幼稚園 (%)	小2 (%)	小4 (%)	小6 (%)	中2 (%)
	o	花（D1花）	13	3.0	0	4.7	0	2.4	7.0
	u	花（D3花，D1根や花瓶など）	6	1.4	0	1.2	0	0	5.0
Fd		魚の開き	3	0.7	0	0	0	1.2	2.0
Hh	o	うちわ・扇・軍配（D3持ち手）（∨）	13	3	1.2	0	2.4	5.9	5.0
		ハンマー，かなづち	4	0.9	0	0	3.7	1.2	0
Mu	o	弦楽器（ギター，バイオリン，三味線，チェロ，コントラバス，琵琶）	107	24.5	11.9	21.2	20.7	43.5	25.0
Na	u	星	5	1.1	1.2	2.4	1.2	1.2	0
Sc		剣（D3持ち手）	2	0.5	0	2.4	0	0	0
		鉄砲	2	0.5	1.2	0	1.2	0	0
	u	飛行機・ロケット・宇宙船（D3機首）	5	1.1	2.4	1.2	1.2	0	1.0
		建物（塔，城など）	4	0.9	0	1.2	1.2	0	2.0
		船（船の正面）	4	0.9	0	0	1.2	1.2	2.0
	u	船（横向き）と何か（海，影，水しぶき）（＞＜）	5	1.1	0	0	0	2.4	3.0

● D1

内容コード	形態水準	反応内容	全体 N	全体 %	幼稚園 (%)	小2 (%)	小4 (%)	小6 (%)	中2 (%)
H		人間2人（∨）	3	0.7	0	1.2	1.2	1.2	0
A		カエル	2	0.5	0	1.2	1.2	0	0
		チョウ	2	0.5	0	1.2	1.2	0	0
		動物が2匹（∨）	2	0.5	0	0	0	1.2	1.0
	u	ムササビ・モモンガ	5	1.1	0	3.5	1.2	1.2	0
Bt	u	葉	6	1.4	0	3.5	1.2	2.4	0
		花	3	0.7	0	1.2	1.2	1.2	0
Na	u	星	8	1.8	1.2	0	1.2	2.4	4.0

● D3

内容コード	形態水準	反応内容	全体 N	全体 %	幼稚園 (%)	小2 (%)	小4 (%)	小6 (%)	中2 (%)
(H)		羽根のある人（Dd2 2羽）	2	0.5	0	0	0	0	2.0

内容コード	形態水準	反応内容	全体 N	全体 %	幼稚園 (%)	小2 (%)	小4 (%)	小6 (%)	中2 (%)
A	u	チョウ	7	1.6	1.2	0	1.2	1.2	4.0
		鳥	2	0.5	0	0	1.2	0	1.0
	o	トンボ	15	3.4	2.4	1.2	8.5	2.4	3.0
		虫（カマキリ，カブトムシなど）	4	0.9	1.2	0	1.2	1.2	1.0
Ad	o	動物の顔（キツネ，トラ，ネズミ，タヌキ，オオカミ）	17	3.9	2.4	5.9	7.3	3.5	1.0
内訳 [	o	キツネの顔	11	2.5	2.4	4.7	3.7	1.2	1.0
Art		棒と飾り	2	0.5	0	0	0	0	2.0
		羽根	2	0.5	0	0	0	1.2	1.0
Bt		花	2	0.5	0	1.2	0	0	1.0
Mu		ギターの一部	4	0.9	0	1.2	0	2.4	1.0
Id		十字架	2	0.5	0	0	0	1.2	1.0

●D4

内容コード	形態水準	反応内容	全体 N	全体 %	幼稚園 (%)	小2 (%)	小4 (%)	小6 (%)	中2 (%)
Hd		人の横顔	3	0.7	0	0	0	0	3.0
(Hd)	u	天狗の横顔	5	1.1	0	0	2.4	0	3.0
		天狗の横顔（∨）	2	0.5	0	0	1.2	1.2	0
A		クマ1頭（∨）	3	0.7	1.2	0	0	1.2	1.0
Sc	o	＊船（横向き）（＞＜）	12	2.8	1.2	0	3.7	3.5	5.0

●Dd22

内容コード	形態水準	反応内容	全体 N	全体 %	幼稚園 (%)	小2 (%)	小4 (%)	小6 (%)	中2 (%)
Ad		羽根	4	0.9	3.6	1.2	0	0	0

●Dd24

内容コード	形態水準	反応内容	全体 N	全体 %	幼稚園 (%)	小2 (%)	小4 (%)	小6 (%)	中2 (%)
Ad		動物の手	2	0.5	2.4	0	0	0	0

●Dd26

内容コード	形態水準	反応内容	全体 N	全体 %	幼稚園 (%)	小2 (%)	小4 (%)	小6 (%)	中2 (%)
Ad	u	ひげ	5	1.1	4.8	0	1.2	0	0

●Dd50 （W−Dd24もしくはW−Dd25）

内容コード	形態水準	反応内容	全体 N	全体 %	幼稚園 (%)	小2 (%)	小4 (%)	小6 (%)	中2 (%)
Sc (Mu)	o	弦楽器	26	6.0	0	4.7	6.1	10.6	8.0

＊重複表示については21頁を参照

内容 コード	形態 水準	反応内容	全体 N	全体 %	幼稚園 (%)	小2 (%)	小4 (%)	小6 (%)	中2 (%)
● Dd51 (D3＋Dd41)									
Sc (Mu)	u	弦楽器	5	1.1	0	0	2.4	2.4	1.0
● Dd52 (D3＋D5)									
Sc		剣	3	0.7	1.2	0	1.2	1.2	0
● Dd53 (D4の下)									
Ad		動物の頭部（クマ，ゴリラ）	3	0.7	0	0	1.2	0	2.0

● P反応

	弦楽器（WまたはDd50）		
全体	133	30.5%	準P
幼稚園	10	11.9%	
小2	22	25.9%	準P
小4	22	26.8%	準P
小6	46	54.1%	P
中2	33	33.0%	準P

● 領域番号対照表

包括システム	高橋ら	名大法	阪大法	片口法	本書
D1	D1	D2	DⅡ		D1
D2	D2	D4	DⅣ	D2	D2
D3	D3	D1	DⅠ	D1	D3
D4	D4	D5	DⅤ	D3	D4
D5	D5	D3			D5
D6	D6				D6
D8	D8				D8
D12	D12		DⅥ		D12
Dd21	Dd21	d4	d7		Dd21
Dd22	Dd22	D8	DⅢ	D5	Dd22
Dd23	Dd23	d1	d3	d2	Dd23
Dd24	Dd24	d2	d1	d1	Dd24
Dd25	Dd25	d7	d2	d4	Dd25
Dd26	Dd26	d5	d6		Dd26
Dd27	Dd27	d3	d5	d3	Dd27
Dd28	Dd28				Dd28
Dd29	Dd29				Dd29
DdS30	DdS30				DdS30
Dd31	Dd31	Dd2			Dd31
Dd32	Dd32	d6			Dd32
Dd33	Dd33				Dd33
	Dd40				Dd40
	Dd41	D6			Dd41
					Dd50
					Dd51
		D7			Dd52
			d4		Dd53
		Dd1			
			DⅦ	D4	

第2章　子どものロールシャッハ反応　77

リストにはない 子どもらしい反応

「わたがし（W）」小2男子

子どもらしい反応

「リストにはない」

お餅をおく台！

Tea Break

「お餅とお餅を置く台（全体，D3がお餅）」小4女子

図版Ⅶ

● 特徴

　本図版では，日本人成人（高橋ら，2009）においては「人間2人（W）」がP反応となっているが，子どもにおいてはP反応の基準を満たしていない。D2またはDd22領域での「人間1人」が，小2（21.2％），小4，小6と中2において，準Pである。W領域での「人間2人」はそれよりも少なくなり，小6（21.2％）と中2においてのみ，準Pである。低年齢では，人間1人をみる割合が高いが，年齢とともに，「人間2人」を見る割合が増える傾向にあると言える。

　D2またはDd22領域を「ウサギ」と見る割合は，成人よりも子どもにおいて高く，小2（17.6％），小4と小6において準Pであるが，中2になると9.0％と低くなっている。中2では，「ウサギ」よりも「人間」を見る割合が高くなっている。

　次いで多かった反応は，「クワガタやカブトムシの角（W）」で全体の7.8％の出現がみられる。これは子どもらしい興味や体験が投影されたものと考えられる。幼稚園児では，W領域において「トンネル」とみる子どもの出現頻度がもっとも高く，ほかの学年と比べても割合が高いのが特徴である。

●P反応（被検児全体）：なし
●準P反応（被検児全体）：人間1人（D2またはDd22）

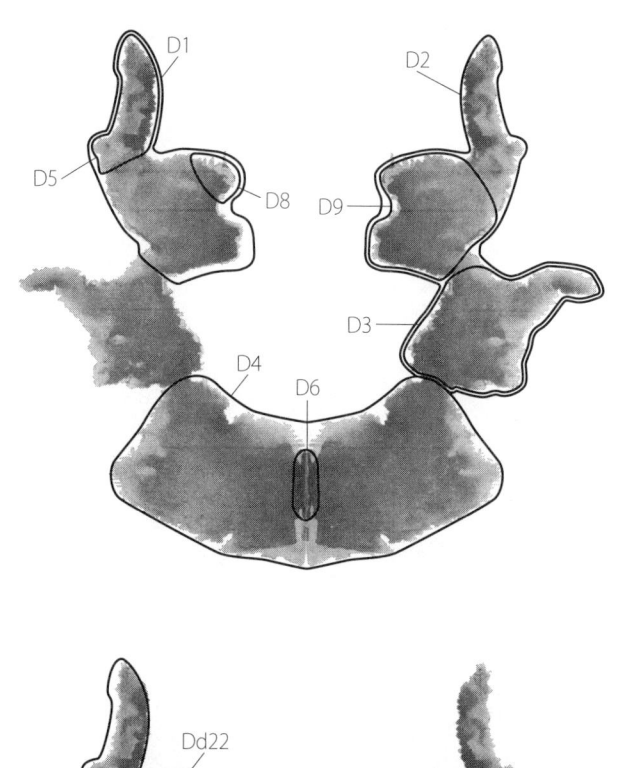

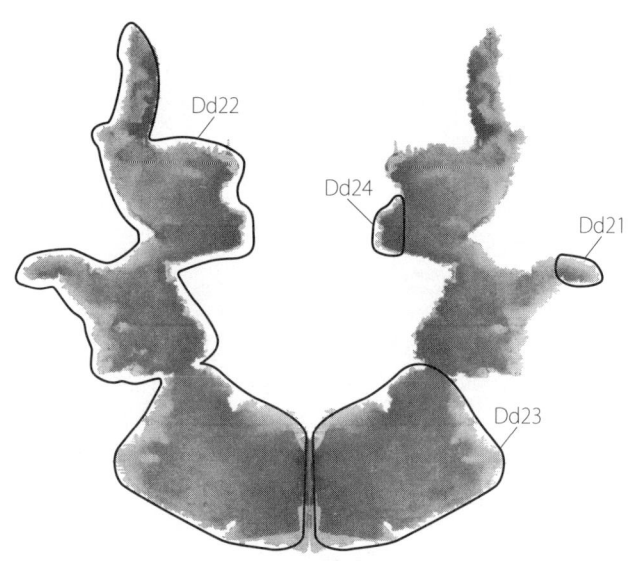

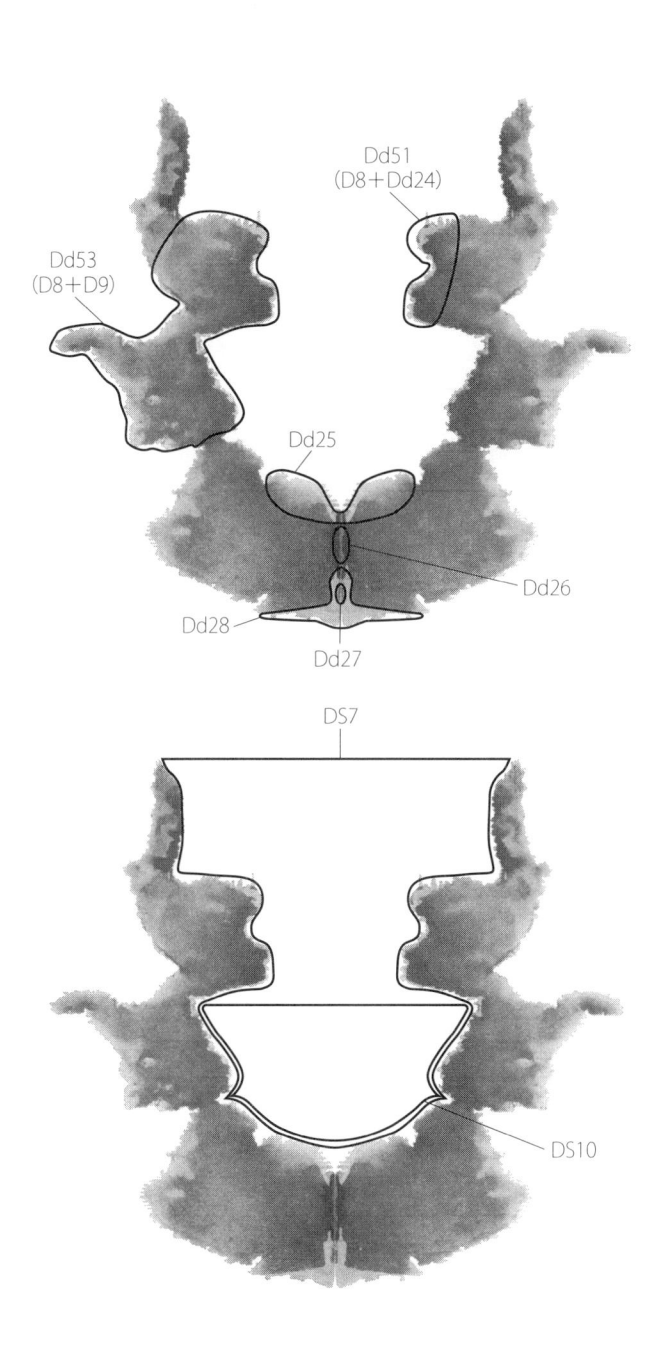

第2章　子どものロールシャッハ反応　81

Dd51
(D8+Dd24)

Dd53
(D8+D9)

Dd25

Dd26

Dd28

Dd27

DS7

DS10

Ⅶ

内容コード	形態水準	反応内容	全体 N	全体 %	幼稚園 (%)	小2 (%)	小4 (%)	小6 (%)	中2 (%)
●W									
H	u	人間1人（D4顔，D1足，Dd2 1手）Sを含む場合がある（∨）	7	1.6	2.4	3.5	1.2	0	1.0
	o	人間2人	48	11	3.6	10.6	8.5	15.3	16.0
	u	人間2人（∨）	5	1.1	0	0	0	3.5	2.0
	u	人間2人と何か（D4はシーソー，台など）	8	1.8	3.6	4.7	1.2	0	0
Hd		髪の毛（∨）	4	0.9	1.2	0	2.4	0	1.0
		口の中	2	0.5	1.2	0	0	0	1.0
	u	人の顔（D4が口）	8	1.8	0	4.7	0	1.2	3.0
(H)	u	おばけ・幽霊1人	5	1.1	4.8	0	1.2	0	0
		天使・妖精2人	2	0.5	1.2	0	0	0	1.0
(Hd)	u	鬼の顔（仮面を含む。DS10またはD4口）	8	1.8	0	3.5	2.4	1.2	2.0
		おばけ・幽霊の顔	4	0.9	0	1.2	1.2	1.2	1.0
A		イモムシ	4	0.9	0	1.2	0	1.2	2.0
	o	ウサギ2匹	18	4.1	1.2	3.5	9.8	5.9	1.0
	o	ウサギ2匹と何か（D4は台，岩など）	15	3.4	2.4	5.9	0	5.9	3.0
	u	動物2匹（シカ，イヌ，ネコ，オオカミ，キツネなど）	8	1.8	1.2	1.2	6.1	1.2	0
	u	カニ	5	1.1	0	1.2	0	1.2	3.0
		クラゲ（D4頭）（∨）	2	0.5	0	1.2	1.2	0	0
	o	クワガタ・カブトムシ（D5があごまたは角）	13	3.0	4.8	7.1	1.2	1.2	1.0
		チョウ	3	0.7	0	2.4	1.2	0	0
		テントウムシ（D4頭）（∨）	3	0.7	1.2	0	1.2	0	1.0
	u	動物2匹と何か（D4は台，岩など）	8	1.8	1.2	1.2	2.4	3.5	1.0

内容コード	形態水準	反応内容	全体 N	全体 %	幼稚園 (%)	小2 (%)	小4 (%)	小6 (%)	中2 (%)
		鳥（アヒル，ヒヨコ，小鳥など）と何か（D4は岩，シーソーなど）	4	0.9	0	1.2	0	1.2	2.0
		ヘビ	3	0.7	0	0	3.7	0	0
Ad	o	クワガタ・カブトムシのあごまたは角	21	4.8	2.4	7.1	6.1	5.9	3.0
	o	動物の顔（ウシ，不特定など。D5耳または角）	15	3.4	1.2	5.9	2.4	2.4	5.0
内訳 [	o	ウシの顔（D5角）	10	2.3	0	3.5	2.4	1.2	4.0
	u	動物の角	5	1.1	0	0	1.2	4.7	0
(A)		怪獣（∨）	4	0.9	1.2	1.2	0	1.2	1.0
Art		ネックレス・ブレスレット	4	0.9	0	0	0	4.7	0
		マーク	4	0.9	2.4	0	1.2	0	1.0
Cl		雲	4	0.9	0	0	0	2.4	2.0
Fi		煙	3	0.7	0	0	1.2	0	2.0
	u	火	6	1.4	2.4	2.4	1.2	1.2	0
Hh		壺	2	0.5	0	1.2	0	1.2	0
Ls		岩	3	0.7	1.2	0	0	1.2	1.0
		島	3	0.7	0	1.2	0	0	2.0
Sc	o	トンネル（∨）	9	2.1	7.1	1.2	1.2	1.2	0
		門（∨）	2	0.5	0	1.2	0	0	1.0

●D1

内容コード	形態水準	反応内容	全体 N	全体 %	幼稚園 (%)	小2 (%)	小4 (%)	小6 (%)	中2 (%)
Hd	o	＊人間の顔	9	2.1	0	1.2	1.2	7.1	1.0
	o	＊人間の顔2つ（D1＋D1）	10	2.3	0	0	0	5.9	5.0
Ad	o	＊ウサギの顔（D1＋D1を含む）	11	2.5	1.2	2.4	6.1	0	3.0
		動物の顔（イヌ，ネコ，キツネ，トラ）	4	0.9	1.2	0	1.2	1.2	1.0

＊重複表示については21頁を参照

内容コード	形態水準	反応内容	全体 N	全体 %	幼稚園 (%)	小2 (%)	小4 (%)	小6 (%)	中2 (%)
●D2									
H	u	人間1人	8	1.8	0	4.7	1.2	2.4	1.0
	o	＊人間2人（D2＋D2）	23	5.3	3.6	4.7	3.7	5.9	8.0
Hd	u	＊人間の上半身（D2＋D2を含む）	8	1.8	1.2	1.2	0	0	6.0
A	o	＊ウサギ（D5耳，D3胴）	18	4.1	4.8	3.5	8.5	3.5	1.0
	o	＊ウサギ2羽（D2＋D2）	32	7.3	4.8	10.6	3.7	11.8	6.0
	o	＊動物1匹（D5耳。イヌ，ネコ，キツネ，トラなど）	16	3.7	3.6	3.5	4.9	4.7	2.0
	o	＊動物2匹（D2＋D2）	18	4.1	4.8	2.4	6.1	4.7	3.0
	u	動物2匹（D5尾または後ろ脚）	5	1.1	0	2.4	1.2	0	2.0
		ゾウ（D2＋D2を含む。Dd21鼻）（∨）	4	0.9	1.2	1.2	1.2	0	1.0
	u	鳥（D2＋D2を含む。D9頭）	5	1.1	2.4	0	1.2	1.2	1.0
	o	＊鳥（D2＋D2を含む。Dd21くちばし）（∨）	9	2.1	0	2.4	1.2	3.5	3.0
●D3 (D3＋D3を含む)									
Ad	o	ゾウの顔（Dd21鼻）	9	2.1	2.4	0	0	1.2	6.0
	u	動物の顔1匹（イヌ，キツネなど。Dd21耳）	8	1.8	1.2	0	4.9	3.5	0
●D4									
A	o	チョウ	15	3.4	2.4	2.4	8.5	2.4	2.0
●DS7									
Hd		人の顔（∧）	3	0.7	0	1.2	0	2.4	0
Bt		木（∨）	4	0.9	0	0	0	0	4.0
		きのこ	4	0.9	0	0	2.4	1.2	1.0

内容コード	形態水準	反応内容	全体 N	全体 %	幼稚園 (%)	小2 (%)	小4 (%)	小6 (%)	中2 (%)
Hh	u	容器（壺，鉢，花瓶など）	6	1.4	0	0	0	4.7	2.0
		ランプ・蛍光灯	2	0.5	0	0	1.2	0	1.0
Sc		トンネル（∨）	2	0.5	1.2	1.2	0	0	0

● **D9**（D9＋D9を含む）

内容コード	形態水準	反応内容	全体 N	全体 %	幼稚園 (%)	小2 (%)	小4 (%)	小6 (%)	中2 (%)
Hd	o	人の顔	10	2.3	0	3.5	1.2	0	6.0

● **Dd21**

内容コード	形態水準	反応内容	全体 N	全体 %	幼稚園 (%)	小2 (%)	小4 (%)	小6 (%)	中2 (%)
Ad		手（動物，人）	2	0.5	0	1.2	1.2	0	0
		動物のしっぽ	2	0.5	1.2	1.2	0	0	0

● **Dd22**

内容コード	形態水準	反応内容	全体 N	全体 %	幼稚園 (%)	小2 (%)	小4 (%)	小6 (%)	中2 (%)
H	o	＊人間1人	56	12.8	3.6	12.9	13.4	15.3	18.0
	u	＊人間1人（Dd23頭，D5足）（∨）	6	1.4	1.2	0	3.7	0	2.0
A		アリ	2	0.5	0	0	1.2	0	1.0
	o	＊ウサギ（D5耳）	20	4.6	1.2	3.5	11	5.9	2.0
	o	＊動物（イヌ，キツネなど，D5耳）	12	2.8	0	4.7	7.3	2.4	0

● **Dd50**（D2－D5）

内容コード	形態水準	反応内容	全体 N	全体 %	幼稚園 (%)	小2 (%)	小4 (%)	小6 (%)	中2 (%)
Hd		人間の顔（D3目，D9口）	2	0.5	0	0	1.2	1.2	0
		人間の上半身（Dd50＋Dd50を含む）	4	0.9	0	0	2.4	0	2.0

● **Dd51**（D8＋Dd24）

内容コード	形態水準	反応内容	全体 N	全体 %	幼稚園 (%)	小2 (%)	小4 (%)	小6 (%)	中2 (%)
Hd		人の顔	3	0.7	0	1.2	0	1.2	1.0

＊重複表示については21頁を参照

● P反応

	人間1人[注1] （D2またはDd22）			人間2人[注2] （WまたはD2＋D2）			ウサギ1羽 （D2またはDd22）		
全体	87	20.0%	準P	71	16.3%		70	16.1%	
幼稚園	6	7.1%		6	7.1%		9	10.7%	
小2	19	22.4%	準P	13	15.3%		15	17.6%	準P
小4	15	18.3%	準P	10	12.2%		19	23.2%	準P
小6	20	23.5%	準P	18	21.2%	準P	18	21.2%	準P
中2	27	27.0%	準P	24	24.0%	準P	9	9.0%	

注1）D2またはDd22に人間1人を見た反応とWまたはD2＋D2に人間2人を見た反応を含む

注2）WまたはD2＋D2領域に人間2人を見た全ての反応を含む

● 領域番号対照表

包括システム	高橋ら	名大法	阪大法	片口法	本書
D1	D1	D2	DⅢ	D1	D1
D2	D2	D1	DⅠ	D2	D2
D3	D3	D4	DⅣ	D4	D3
D4	D4	D3	DⅡ	D3	D4
D5	D5	d3		d2	D5
D6	D6	d2			D6
DS7	DS7	DS6			DS7
D8	D8	d4			D8
D9	D9		DⅢ	D1	D9
Dd21	Dd21	Dd2	d3		Dd21
Dd22	Dd22	D5	DⅤ	D6	Dd22
Dd23	Dd23	D7	DⅥ	D5	Dd23
Dd24	Dd24	Dd3			Dd24
Dd25	Dd25				Dd25
Dd26	Dd26				Dd26
Dd28	Dd28	d5		d1	Dd28
					Dd50
		Dd1			Dd51
		d1		d1	

第2章　子どものロールシャッハ反応　87

子どもらしい反応
リストにはない

Tea Break

「お城のてっぺんの飾り（しゃちほこ？　W）」小2女子

リストにはない 子どもらしい反応

サッカーボールのかけら！

Tea Break

「サッカーボールのかけら（W）」中2男子

図版Ⅷ

● 特徴

　本図版では，D1領域の「四足獣」が準P反応として示されている。日本人成人（高橋ら，2009）においても「四本足の動物（D1）」がP反応として示されており，成人と同様の傾向が認められるといえよう。子どもの出現率を学年別にみると，幼稚園では10.7％に留まっているが，小２は準P，小４以降ではPであることから，「四足獣（D1）」は児童期以降に増加し，加齢とともによりポピュラーになっていくと考えられる。

　その他，「カメレオン・トカゲ（D1）」，「２匹の動物（左右D1に四足獣）と何か（W）」，「山（D4）」，「動物の顔（D2，逆位置を含む）」，「花（W，逆位置）」などは，子どもにおいても成人（高橋ら）においても出現率２％（oの基準）を越える反応である。

　一方，「昆虫（W）」は成人ではoの基準を満たさないが，子どもでは全体の出現率が2.8％，学年別にみても，小４を除く４学年で２％を越えo反応となっている。子ども全体に特徴的な反応と捉えることができるであろう。

- ●P反応（被検児全体）：なし
- ●準P反応（被検児全体）：四足獣（D1）

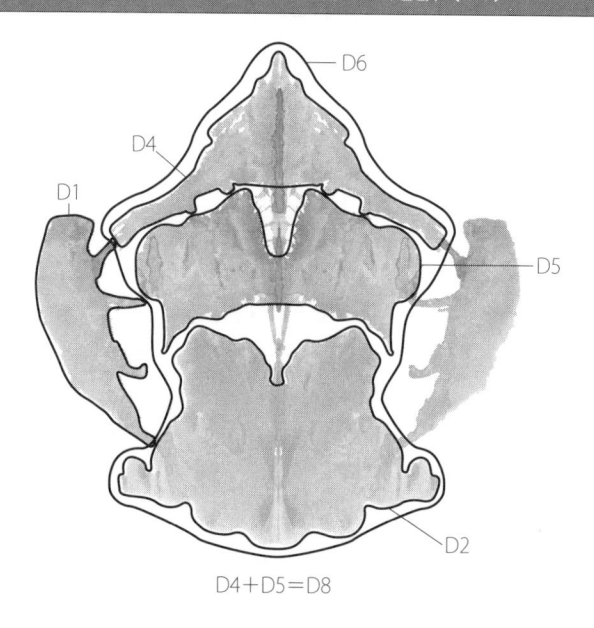

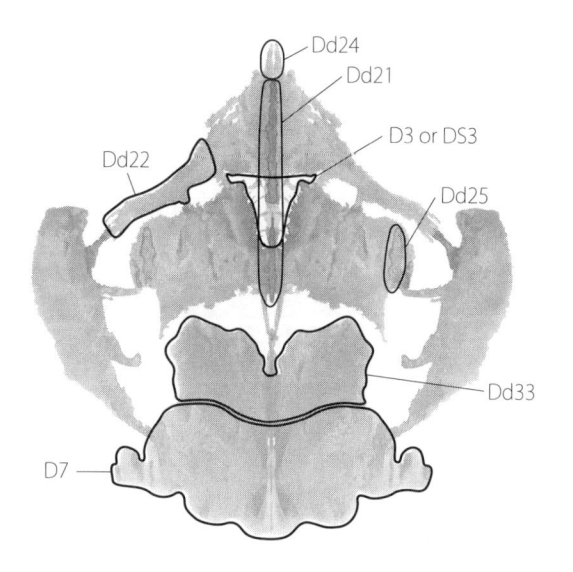

D6
D4
D1
D5
D2

D4＋D5＝D8

Dd24
Dd21
D3 or DS3
Dd22
Dd25
Dd33
D7

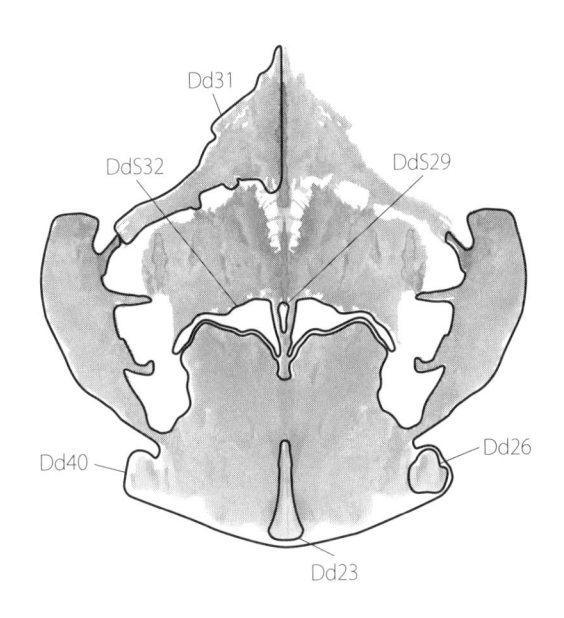

第2章　子どものロールシャッハ反応　91

Dd31
DdS32　　　DdS29
Dd40　　　　　　　　Dd26
Dd23

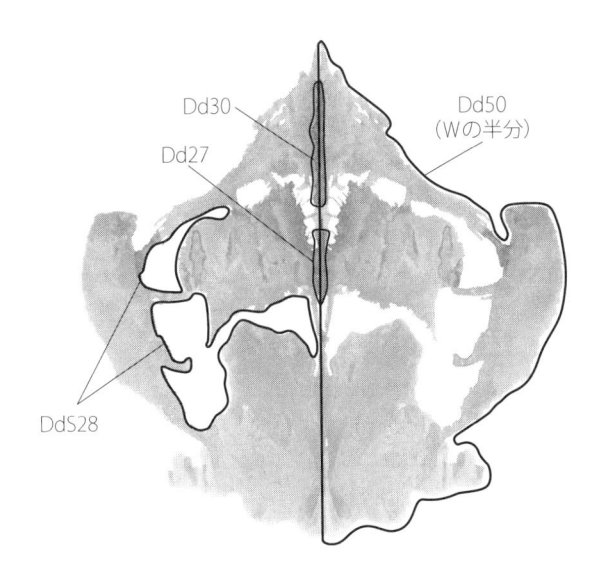

Dd30　　　Dd50
　　　　　（Wの半分）
Dd27

DdS28

Ⅷ

●W

内容コード	形態水準	反応内容	全体 N	%	幼稚園(%)	小2(%)	小4(%)	小6(%)	中2(%)
H		人間1人（D2頭）（∨）	3	0.7	0	1.2	0	1.2	1.0
	u	人間2人（D1＋D1）と何か	6	1.4	1.2	0	3.7	3.5	1.0
Hd	u	人の顔（D2口）	6	1.4	0	1.2	0	4.7	1.0
		人の顔（D6口）（∨）	2	0.5	0	0	1.2	0	1.0
A	u	カブトムシ，クワガタ（D4頭）	6	1.4	0	4.7	1.2	1.2	0
	o	虫（テントウムシ，セミ，カメムシ，不特定など）（D4頭）	13	3.0	2.4	2.4	1.2	5.9	3.0
		虫2匹と何か	2	0.5	1.2	0	0	1.2	0
	u	魚（D4口）	5	1.1	1.2	2.4	2.4	1.2	0
	u	動物と何かの反射（水面に映っている）	7	1.6	0	0	2.4	2.4	3.0
		鳥（D2頭）（∨）	1	0.2	0	1.2	0	0	0
	u	鳥（D4頭）	7	1.6	3.6	2.4	3.7	1.2	0
		幼虫	2	0.5	2.4	0	0	0	0
		動物2匹（カエル）と何か	2	0.5	2.4	0	1.2	0	0
	u	動物2匹（サル，ナマケモノ）と何か	7	1.6	2.4	2.4	2.4	1.2	0
	u	動物2匹（トカゲ，カメレオン）と何か	8	1.8	2.4	0	1.2	1.2	4.0
	o	動物2匹（四足獣：クマ，トラ，ネコ，ヒョウ，イタチ，チーター，ネコ）と何か	31	7.1	0	7.1	7.3	15.3	7.0
Ad	o	動物の顔（サル，ゴリラ）（D5目）	9	2.1	1.2	3.5	4.9	1.2	1.0
(A)		怪物・怪獣	3	0.7	3.6	0	0	0	0
		怪物・怪獣（D2頭）（∨）	3	0.7	0	2.4	1.2	0	0

内容コード	形態水準	反応内容	全体 N	全体 %	幼稚園(%)	小2(%)	小4(%)	小6(%)	中2(%)
An		内臓	4	0.9	1.2	0	1.2	1.2	1.0
Art		王冠	2	0.5	0	0	0	2.4	0
		置物・飾り・トロフィー	5	1.1	2.4	1.2	1.2	0	1.0
		紋章・マーク	3	0.7	0	0	0	2.4	1.0
Ay		兜	2	0.5	0	0	0	2.4	0
Bt	u	葉	5	1.1	0	0	4.9	2.4	0
		花	1	0.2	1.2	0	1.2	0	0
	o	花（D2 花, D4, D5 葉や茎）(∨)	11	2.5	2.4	2.4	1.2	2.4	5.0
Cg		洋服（D2スカート）	2	0.5	0	1.2	0	0	1.0
Fd		かき氷	2	0.5	1.2	0	0	0	1.0
		トマト（D4へた, D2実）	3	0.7	0	0	1.2	1.2	2.0
		トマトの断面	4	0.9	0	0	0	0	4.0
		複数の果物	3	0.7	0	1.2	0	2.4	0
Fi		木, 草（D4, D5）が燃えている	3	0.7	0	0	1.2	2.4	0
Ls		山のある風景	3	0.7	0	0	0	0	3.0
Sc		こま（∨）	2	0.5	0	0	1.2	1.2	0
		建物（家, 城）	3	0.7	0	2.4	0	1.2	0
	u	飛行機・ロケット	8	1.8	3.6	3.5	6.1	0	0
		船	4	0.9	0	0	1.2	2.4	2.0
		船（∨）	2	0.5	1.2	0	0	0	1.0

●**D1** （D1＋D1を含む）

内容コード	形態水準	反応内容	全体 N	全体 %	幼稚園(%)	小2(%)	小4(%)	小6(%)	中2(%)
H	o	＊人間	12	2.8	1.2	1.2	3.7	4.7	5.0
A	u	＊カエル	5	1.1	2.4	0	2.4	2.4	1.0
	o	＊カメレオン, トカゲ	55	12.6	13.1	10.6	18.3	10.6	17.0
	o	＊四足獣	117	26.8	10.7	20.0	36.6	35.3	42.0
	u	＊特定しない動物	6	1.4	1.2	3.5	0	1.2	1.0
(A)	u	＊恐竜	5	1.1	3.6	1.2	0	0	1.0

＊重複表示については21頁を参照

内容コード	形態水準	反応内容	全体 N	全体 %	幼稚園 (%)	小2 (%)	小4 (%)	小6 (%)	中2 (%)
●D2									
Hd		人間の顔（∨位置含む）	3	0.7	0	1.2	0	2.4	0
(H)		おばけ，妖怪（∨）	2	0.5	1.2	0	1.2	0	1.0
A	u	＊チョウ	5	1.1	0	2.4	2.4	0	2.0
Ad	o	＊動物の顔（ネコ，イヌ，ヒツジなど）（∨位置含む）	13	3.0	2.4	5.9	1.2	3.5	2.0
Bt	u	花（∨位置含む）	6	1.4	0	2.4	0	2.4	2.0
Cg	u	＊洋服	8	1.8	2.4	4.7	1.2	1.2	0
Fd	u	＊赤い果物（トマトを含む）	6	1.4	0	1.2	0	0	5.0
●D3									
Id		クモの巣	2	0.5	0	0	0	0	2.0
●D4									
A		魚	1	0.2	0	1.2	1.2	0	0
		鳥（上部がくちばし）	2	0.5	0	2.4	0	0	0
Ad		鳥の顔	2	0.5	0	0	1.2	1.2	0
Art		王冠	2	0.5	0	0	0	0	2.0
Bt		＊木	3	0.7	0	1.2	0	0	2.0
Ls	o	＊山	17	3.9	2.4	3.5	2.4	7.1	5.0
Sc		飛行機・ロケット・飛行船	4	0.9	2.4	1.2	0	1.2	0
●D5									
A		コウモリ	2	0.5	0	0	1.2	0	1.0
	u	＊チョウ・ガ	8	1.8	0	4.7	0	3.5	1.0
		鳥	2	0.5	0	0	1.2	1.2	0
Bt		＊草・葉	4	0.9	0	0	1.2	1.2	2.0
Fd		野菜（カボチャ，キャベツ）	3	0.7	0	0	1.2	1.2	1.0

＊重複表示については21頁を参照

内容コード	形態水準	反応内容	全体 N	全体 %	幼稚園 (%)	小2 (%)	小4 (%)	小6 (%)	中2 (%)
●**D6**									
A		魚	2	0.5	1.2	0	0	1.2	0
Bt	o	＊木	21	4.8	6	2.4	3.7	10.6	4.0
	u	花（D2が花, D4D5葉）（∨）	8	1.8	0	2.4	0	2.4	4.0
Sc		矢	2	0.5	1.2	1.2	0	0	0
		＊ロケット・飛行機	3	0.7	1.2	2.4	0	0	0
●**D7**									
A		チョウ	2	0.5	0	1.2	0	1.2	0
●**D8**									
An		骨	3	0.7	1.2	0	1.2	2.4	0
Bt	o	＊木	11	2.5	3.6	1.2	4.9	1.2	4.0
		葉	2	0.5	1.2	0	0	0	1.0
●**Dd22**									
Hd		＊人の手	4	0.9	2.4	0	1.2	0	2.0
●**Dd24**									
Sc		はさみ	2	0.5	1.2	1.2	0	0	0
●**Dd26**									
Sc		鍵	3	0.7	0	0	1.2	2.4	0
●**Dd40**									
A		カニ	5	1.1	0	2.4	0	1.2	2.0
●**Dd50**（D6の半分＋D1）									
A		動物と何か	4	0.9	0	0	1.2	0	4.0

● P反応

	四足獣（D1）		
全体	130	29.8%	準P
幼稚園	9	10.7%	
小2	17	20.0%	準P
小4	30	36.6%	P
小6	32	37.6%	P
中2	42	42.0%	P

● 領域番号対照表

包括システム	高橋ら	名大法	阪大法	片口法	本書
D1	D1	D1	DⅠ	D1	D1
D2	D2	D2	DⅡ	D2	D2
D3/DS3	D3/DS3	DS4	DⅢ	D4	D3/DS3
D4	D4	D3	DⅣ	D3	D4
D5	D5	D6	DⅦ	D7	D5
D6	D6				D6
D7	D7	D8	DⅤ	D5	D7
D8	D8	D5	DⅥ	D6	D8
Dd21	Dd21	Dd2			Dd21
Dd22	Dd22				Dd22
Dd23	Dd23	Dd1			Dd23
Dd24	Dd24	Dd3			Dd24
Dd25	Dd25	Dd5			Dd25
Dd26	Dd26	d1	d1	d1	Dd26
Dd27	Dd27	Dd4			Dd27
DdS28	DdS28				DdS28
DdS29	DdS29				DdS29
Dd30	Dd30	d2	d2	d2	Dd30
Dd31	Dd31				Dd31
DdS32	DdS32	DdS7			DdS32
Dd33	Dd33		DⅧ		Dd33
	Dd40				Dd40
					Dd51
		D7			
		Dd6			

第2章 子どものロールシャッハ反応 97

リストにはない
子どもらしい反応

かぼちゃの馬車！

Tea Break

「かぼちゃの列車（D4が屋根）」小2女子

リストにはない 子どもらしい反応

花おばけ！

Tea Break

「花おばけ（W領域，D1が花びら，D5あたりが目）」幼稚園女子

図版Ⅸ

● 特徴

　Pおよび準Pは認められず，もっとも出現頻度が高い反応はD3領域の「火」（6.0％）である。すなわち，本図版に何を見るのかは個人差が大きく，各人がバラエティーに富んだ反応を産出する図版といえるだろう。また，包括システムでは「人間または人間類似のもの（D3）」がPであるが，日本人成人ではPは認められず（高橋ら，2009），本書でも同様の結果であり，わが国の成人と子どもに共通する特徴であると考えられる。

　本図版において，その他に比較的出現頻度の高い反応としては，「火（D3）」（6.0％），「花（W）」（4.1％），「動物の顔（D1）」（3.7％）が挙げられる。

　また，成人の形態水準表には記載のない「顔反応」が，本書では多いことも，子どもの特徴を示しているといえるだろう。具体的には，DdS50領域での「動物の顔」「人間の顔」，D8「カバの顔」，D9の「昆虫の顔」などである。

●P反応（被検児全体）：なし
●準P反応（被検児全体）：なし

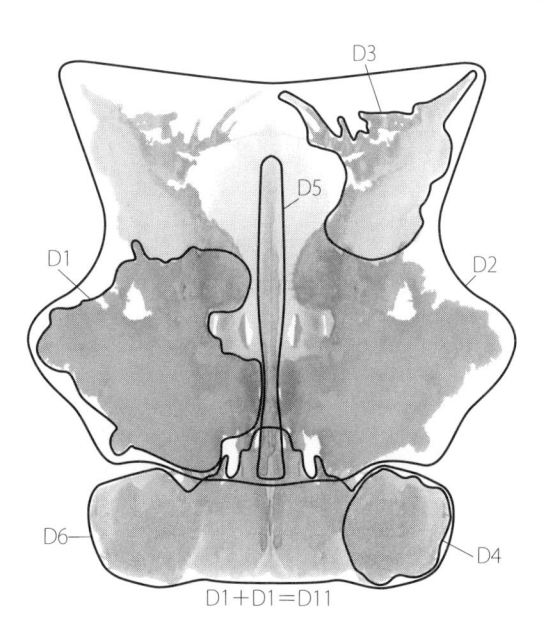

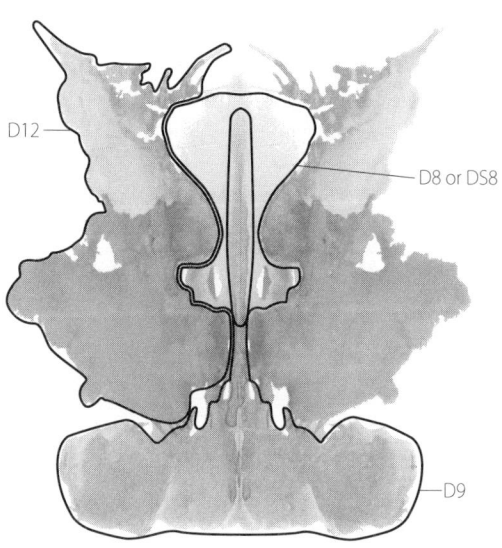

D1＋D1＝D11

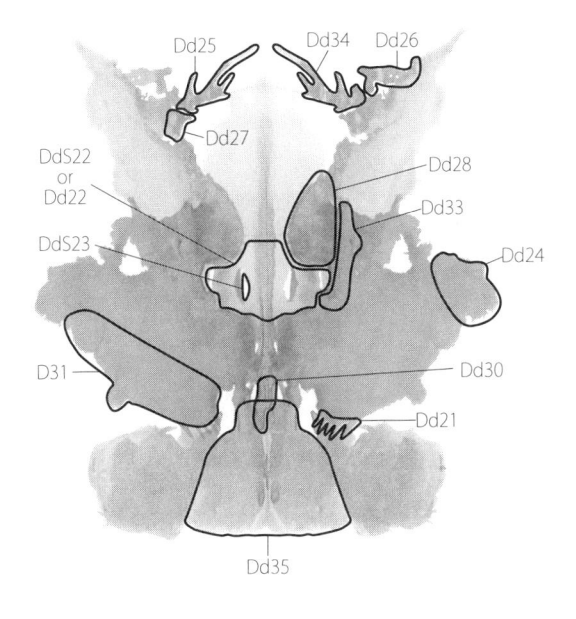

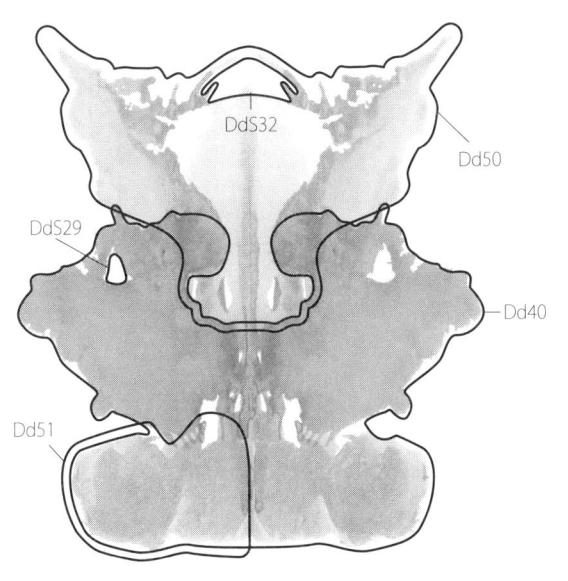

第2章　子どものロールシャッハ反応　101

内容コード	形態水準	反応内容	全体 N	%	幼稚園 (%)	小2 (%)	小4 (%)	小6 (%)	中2 (%)
●W									
H		人間（D3手, D6足）	2	0.5	0	1.2	0	1.2	0
	u	人間（D6顔, D3足）(∨)	6	1.4	3.6	1.2	0	2.4	0
Hd	o	人間の顔	9	2.1	1.2	1.2	2.4	2.4	3.0
	u	人間の顔（∨）	7	1.6	0	2.4	1.2	1.2	3.0
		人間の下半身（D11スカート, D3＋D3足）(∨)	2	0.5	0	0	1.2	0	1.0
(H)		おばけ（D8顔, D1＋D1体, D6足）	4	0.9	4.8	0	0	0	0
		魔女・小人（D3）と何か（火, 葉など）	4	0.9	1.2	0	3.7	0	0
(Hd)	u	鬼の顔（D3角）	8	1.8	1.2	0	2.4	3.5	2.0
		骸骨（服を着ている）	2	0.5	0	0	1.2	0	1.0
		妖怪・おばけの顔	4	0.9	0	0	1.2	2.4	1.0
Mask		お面・仮面	4	0.9	0	1.2	0	0	3.0
A		カエル	2	0.5	2.4	0	0	0	0
		カマキリ（∨）	3	0.7	2.4	0	0	1.2	0
		カミキリムシ	2	0.5	0	2.4	0	0	0
		クモ（D6足）	2	0.5	0	2.4	0	0	0
	u	クワガタ・カブトムシ（D3角）	6	1.4	1.2	4.7	1.2	0	0
		ケムシ	2	0.5	1.2	0	1.2	0	0
		セミ（∨）	4	0.9	0	0	3.7	0	1.0
		ゾウ（D5鼻）	2	0.5	1.2	1.2	0	0	0
		チョウ, ガ	2	0.5	0	0	2.4	0	0
		チョウ3匹	2	0.5	1.2	0	0	0	1.0
		動物6匹	4	0.9	0	0	1.2	2.4	1.0
		トンボ（∨）	4	0.9	2.4	0	1.2	0	1.0
		羽のある虫	3	0.7	0	0	2.4	0	1.0

内容コード	形態水準	反応内容	全体 N	全体 %	幼稚園 (%)	小2 (%)	小4 (%)	小6 (%)	中2 (%)
Ad		虫の顔（クワガタ，カマキリなど）	3	0.7	1.2	1.2	0	1.2	0
	o	動物の顔（キツネ，シカ，ヤギ，カバ，ブタ，不特定など）（D3が耳または角）	12	2.8	1.2	3.5	3.7	4.7	1.0
内訳 [	u	ブタ・イノシシの顔（Dd22鼻）	6	1.4	1.2	1.2	2.4	2.4	0
(A)		怪獣，怪物	3	0.7	3.6	0	0	0	0
		怪獣，怪物（D3足）（∨）	4	0.9	3.6	1.2	0	0	0
(Ad)		怪物の顔	3	0.7	0	0	2.4	1.2	0
Bt	u	木	8	1.8	1.2	1.2	2.4	2.4	2.0
		木（∨）	3	0.7	0	0	2.4	1.2	0
	o	花	18	4.1	1.2	4.7	4.9	4.7	5.0
Cg		ドレス（∨）	3	0.7	1.2	0	0	1.2	1.0
Ls	u	水・滝（D8・D5）のある風景	8	1.8	1.2	2.4	1.2	2.4	2.0
Na		噴水	4	0.9	0	0	2.4	2.4	0
Exp	u	噴火（∨）	5	1.1	0	0	1.2	3.5	1.0
Fd	u	3種類の食べ物（野菜，肉など）	5	1.1	0	0	1.2	0	4.0
Fi		火事	4	0.9	1.2	0	1.2	1.2	1.0
	u	火（キャンプファイヤー含む）	7	1.6	1.2	0	1.2	3.5	2.0
Hh		花瓶・壺	3	0.7	0	0	0	2.4	1.0
	o	コップ	9	2.1	0	1.2	1.2	4.7	3.0
	u	トロフィー	5	1.1	0	1.2	0	1.2	3.0

●D1

内容コード	形態水準	反応内容	全体 N	全体 %	幼稚園 (%)	小2 (%)	小4 (%)	小6 (%)	中2 (%)
H		人間2人（大人と子ども）（Dd24が大人の頭）（>）	2	0.5	0	0	1.2	0	1.0

内容コード	形態水準	反応内容	全体 N	全体 %	幼稚園 (%)	小2 (%)	小4 (%)	小6 (%)	中2 (%)
		バイクに乗っている人（Dd24頭）（>）	3	0.7	0	0	1.2	1.2	1.0
A		イノシシ（Dd24鼻, DdS29目）	2	0.5	1.2	0	1.2	0	0
Ad	o	＊動物の顔（DdS29目, Dd24鼻,）	16	3.7	1.2	7.1	3.7	2.4	4.0
	u	動物の顔（DdS29口）（∨）	5	1.1	0	0	2.4	0	3.0
Bt		葉	2	0.5	0	0	1.2	1.2	0

●D2

内容コード	形態水準	反応内容	全体 N	全体 %	幼稚園 (%)	小2 (%)	小4 (%)	小6 (%)	中2 (%)
Hd		人間の顔（DdS22鼻）	4	0.9	0	1.2	0	1.2	2.0
		人間の顔（∨）	3	0.7	0	1.2	1.2	0	1.0
Ad	o	動物の顔（キツネ, ウサギ, シカなど）（D3が耳または角）	12	2.8	0	5.9	1.2	1.2	5.0
Bt	u	木（∨）	5	1.1	0	0	1.2	2.4	2.0
	u	花（D3花, D1葉）	6	1.4	0	0	2.4	0	4.0

●D3 （D3＋D3を含む）

内容コード	形態水準	反応内容	全体 N	全体 %	幼稚園 (%)	小2 (%)	小4 (%)	小6 (%)	中2 (%)
H	o	＊人間（ピエロ含む）	12	2.8	2.4	3.5	2.4	4.7	1.0
(H)	u	＊魔女・こびと・妖精	8	1.8	2.4	0	3.7	0	0
A	u	＊エビ・ザリガニ	8	1.8	1.2	1.2	3.7	2.4	1.0
		＊カブトムシ	4	0.9	0	1.2	2.4	1.2	0
		魚	2	0.5	1.2	1.2	0	0	0
	u	＊トナカイ・シカ	6	1.4	1.2	0	3.7	0	2.0
		モグラ	2	0.5	0	0	0	1.2	1.0
Fi	o	＊火	26	6.0	6.0	7.1	3.7	3.5	9.0
		火の玉・ひとだま	3	0.7	0	0	0	2.4	1.0

●D4

内容コード	形態水準	反応内容	全体 N	全体 %	幼稚園 (%)	小2 (%)	小4 (%)	小6 (%)	中2 (%)
Fd		果物（モモ, リンゴ, サクランボ）	4	0.9	1.2	0	2.4	0	1.0

＊重複表示については21頁を参照

内容コード	形態水準	反応内容	全体 N	%	幼稚園 (%)	小2 (%)	小4 (%)	小6 (%)	中2 (%)
●D5									
Sc	u	剣	6	1.4	1.2	3.5	1.2	1.2	0
Bt		木・棒	2	0.5	1.2	0	1.2	0	0
●D6									
A		カニ	3	0.7	1.2	1.2	0	1.2	0
		フクロウ	2	0.5	1.2	0	0	0	1.0
Ad		ゾウの顔	3	0.7	1.2	0	2.4	0	0
(Ad)		怪獣・化けものの顔（∨）	2	0.5	0	0	1.2	1.2	0
●D8／DS8									
Hd		人間の顔（DdS22目）	2	0.5	0	0	0	1.2	1.0
A		ネズミ・ハムスター（DdS22目）	2	0.5	0	1.2	1.2	0	0
Ad		カバの顔（DdS22目，∨位置含む）	4	0.9	0	0	1.2	0	3.0
		サル・チンパンジーの顔（DdS22目）（∨）	2	0.5	0	0	1.2	0	1.0
(Ad)		恐竜の顔	2	0.5	0	0	1.2	0	1.0
An	u	骸骨	5	1.1	0	0	2.4	1.2	2.0
Mu		バイオリン	3	0.7	0	1.2	0	0	2.0
Na		＊滝	7	1.6	2.4	0	1.2	2.4	2.0
		＊噴水	4	0.9	0	0	0	1.2	3.0
		＊水	3	0.7	1.2	2.4	0	0	0
●D9									
Ad		虫の顔	3	0.7	0	0	2.4	1.2	0
		ゾウの顔（D5鼻）（∨）	2	0.5	0	1.2	0	0	1.0
Bt		花（∨）	2	0.5	0	0	0	1.2	1.0
Hh		かなづち・ハンマー	2	0.5	0	0	0	2.4	0

内容コード	形態水準	反応内容	全体 N	全体 %	幼稚園 (%)	小2 (%)	小4 (%)	小6 (%)	中2 (%)
●D12									
A		鳥	2	0.5	0	0	1.2	1.2	0
●Dd22									
Hd		人間の顔	2	0.5	0	0	0	1.2	1.0
●DdS23									
Hd		目	2	0.5	0	0	1.2	0	1.0
●Dd25									
Ad		角	2	0.5	0	0	0	1.2	1.0
●Dd50									
Hd		人間の顔	2	0.5	0	0	0	0	2.0
Ad	u	動物の顔（ウシ，ウマ，トナカイなど）	8	1.8	1.2	1.2	1.2	1.2	4.0
Bt		花	2	0.5	0	0	0	2.4	0
●Dd51 (D6の半分)									
H		赤ちゃん（D4顔）	2	0.5	0	0	1.2	0	1.0
A		動物（クマ，イヌ，ライオン）	3	0.7	0	0	1.2	0	2.0

● P反応

なし

● 領域番号対照表

包括システム	高橋ら	名大法	阪大法	片口法	本書
D1	D1	D3	DⅡ	D1	D1
D2	D2	D9			D2
D3	D3	D1	DⅢ	D3	D3
D4	D4	D8	DⅦ	D7	D4
D5	D5	D12	DⅣ	D5	D5
D6	D6	D2	DⅠ	D2	D6
D8/DS8	D8/DS8	DS4			D8/DS8
D9	D9	D5	DⅥ	D6	D9
D11	D11	D6			D11
D12	D12				D12
Dd21	Dd21	Dd2		d6	Dd21
DdS22/Dd22	DdS22/Dd22	DS11	DⅤ	D4	DdS22/Dd22
DdS23	DdS23	Dd4	d5	d4	DdS23
Dd24	Dd24	Dd3	d3	d3	Dd24
Dd25	Dd25				Dd25
Dd26	Dd26	Dd1			Dd26
Dd27	Dd27				Dd27
Dd28	Dd28	Dd5			Dd28
DdS29	DdS29				DdS29
Dd30	Dd30				Dd30
Dd31	Dd31				Dd31
DdS32	DdS32				DdS32
Dd33	Dd33			d2	Dd33
Dd34	Dd34				Dd34
Dd35	Dd35				Dd35
	Dd40				Dd40
		DS7			Dd50
		D10			Dd51
		D13			
		d1	d2		
		d2			
		d3	d1	d1	
		Dd6			
			d4		

子どもらしい反応
リストにはない

ちいさいトトロ！

Tea Break

「小さいトトロ（Dd29）」中2女子

図版 X

● **特徴**

　本図版は，日本人成人（高橋ら，2009）においては，P反応，準P反応ともに認められないのに対して，本書では「クモ（D1）」と「人の顔（DdS22）」という2つの準P反応が示されていることが大きな特徴である。中でも「人の顔」反応については，包括システムでは「マイナス反応」とされているにもかかわらず，中2では31.0％と高率で出現している。また類似領域としてDdS42などに顔反応を産出する場合も多く，本図版において何らかの「顔」を産出する子どもの数は相当に多いことが示されている。加えて，その顔反応の説明において，目（D2，D8など）やメガネ（D6）を指摘する子どもが多いことも特徴である。最初の図版 I において「動物の顔」が準Pであり，最後の図版 X において「人の顔」を準Pとする日本の子どもの特徴として，「顔」に対する関心の高さが示唆されるものであろう。

　またこの他には，「カブトムシ，バッタ」などの昆虫反応（DdS22），「怪獣」（W），「恐竜」（D2）などの反応は成人の形態水準表に記載のない反応であり，子どもの特徴といえるであろう。

110

- ●P反応（被検児全体）：なし
- ●準P反応（被検児全体）：クモ（D1）・人の顔（V位置含む）

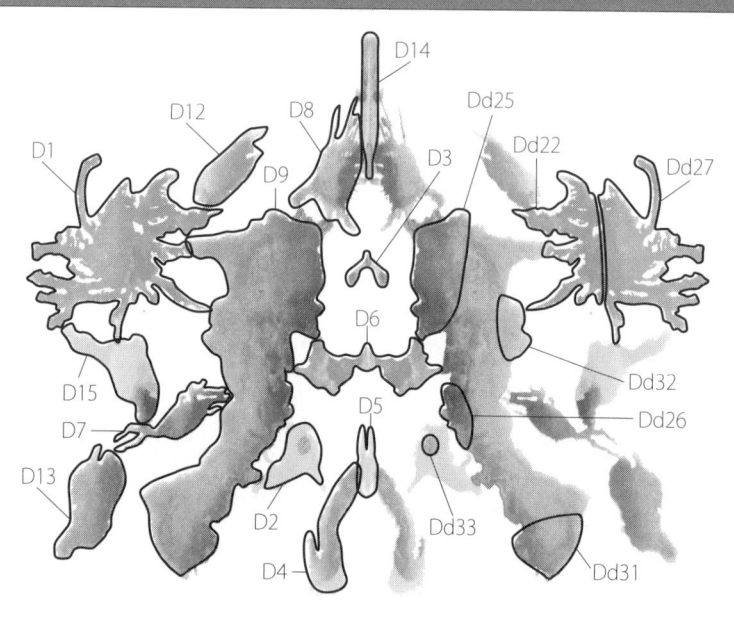

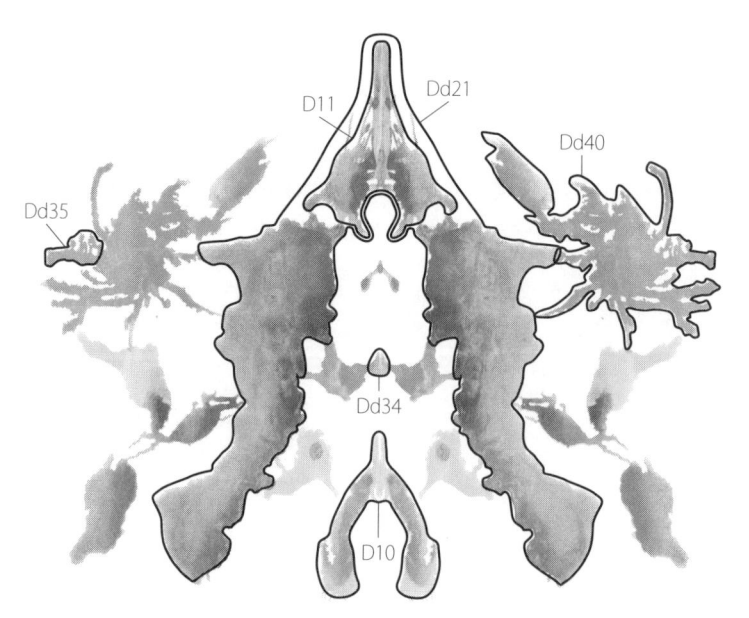

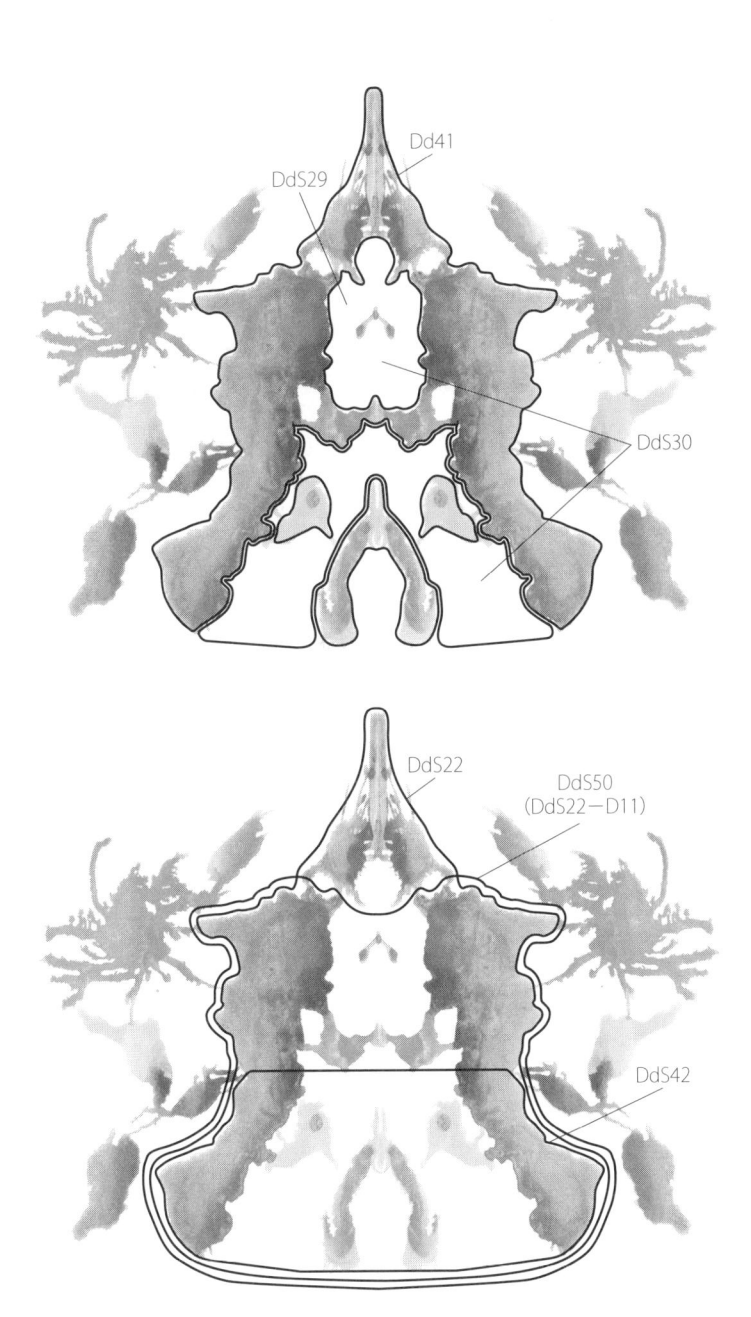

第2章　子どものロールシャッハ反応　111

X

内容コード	形態水準	反応内容	全体 N	全体 %	幼稚園 (%)	小2 (%)	小4 (%)	小6 (%)	中2 (%)
●W									
H	u	人間（Dd22人間，周囲は飾りや生き物など）	6	1.4	1.2	1.2	1.2	0	3.0
Hd	o	人間の顔（DdS22が顔，周囲は飾りや生き物）	12	2.8	0	5.9	3.7	1.2	3.0
(H)		おばけ（D1手）	2	0.5	2.4	0	0	0	0
		天使・神様	2	0.5	0	0	0	2.4	0
(Hd)		悪魔・鬼の顔（∨）	2	0.5	0	0	1.2	0	1.0
Mask		お面（∨）	2	0.5	0	0	1.2	1.2	0
A	o	生き物の集まり（昆虫，動物など）	40	9.2	3.5	2.4	8.5	20.0	11.0
	o	海の中（海中生物がいる）	12	2.8	3.5	1.2	2.4	1.2	5.0
		カブトムシ・クワガタ	4	0.9	1.2	1.2	1.2	1.2	0
	u	チョウ	5	1.1	1.2	1.2	1.2	0	2.0
		鳥	4	0.9	0	2.4	1.2	0	1.0
Ad		虫の顔（∨）	2	0.5	1.2	0	0	1.2	0
(A)		怪獣	2	0.5	1.2	1.2	0	0	0
Art		絵	2	0.5	0	0	1.2	0	1.0
		架空の生き物	3	0.7	0	0	0	1.2	2.0
Bt		葉の集まり	2	0.5	0	0	0	2.4	0
Exp	u	花火	5	1.1	0	0	1.2	2.4	2.0
Ls	u	花畑（＞∨位置もあり）	6	1.4	1.2	2.4	0	2.4	1.0
Na		星	2	0.5	0	0	1.2	0	1.0
Sc		建物（DdS22）に動物が集まっている	4	0.9	2.4	1.2	1.2	0	0
	u	建物など（D11）のある風景	5	1.1	0	0	0	2.4	3.0
		タワー（塔，城）	3	0.7	1.2	1.2	0	0	1.0
●D1									
A		＊ウマ	3	0.7	0	0	0	0	3.0

＊重複表示については21頁を参照

内容コード	形態水準	反応内容	全体 N	全体 %	幼稚園 (%)	小2 (%)	小4 (%)	小6 (%)	中2 (%)
	u	＊オオカミ	7	1.6	1.2	1.2	1.2	3.5	1.0
	o	＊カニ	19	4.4	7.1	7.1	2.4	2.4	3.0
	u	＊カブトムシ・クワガタ	7	1.6	2.4	2.4	0	2.4	1.0
	o	＊クモ	76	17.4	17.6	16.5	20.7	18.8	14.0
	o	＊ザリガニ・サソリ	11	2.5	7.1	1.2	2.4	1.2	1.0
		サンゴ	2	0.5	0	0	2.4	0	0
	o	＊タコ	12	2.8	2.4	7.1	2.4	2.4	0
	u	＊特定しない虫	5	1.1	1.2	0	0	0	4.0
Bt		葉	2	0.5	0	0	1.2	0	1.0
Exp	u	花火	6	1.4	0	3.5	1.2	1.2	1.0
Na	u	＊水	5	1.1	1.2	1.2	1.2	0	2.0
	u	雪，氷	6	1.4	0	2.4	1.2	2.4	1.0
Id		クモの巣	4	0.9	1.2	2.4	0	1.2	0

●D2

内容コード	形態水準	反応内容	全体 N	全体 %	幼稚園 (%)	小2 (%)	小4 (%)	小6 (%)	中2 (%)
A	u	＊イヌ	8	1.8	1.2	1.2	4.9	1.2	1.0
		サル	2	0.5	0	0	0	1.2	1.0
		タツノオトシゴ	4	0.9	0	1.2	2.4	1.2	0
		特定しない虫	2	0.5	0	1.2	0	0	1.0
	o	＊鳥（ヒヨコを含む）	11	2.5	1.2	2.4	2.4	4.7	2.0
		ネコ	2	0.5	0	1.2	1.2	0	0
	o	＊ライオン・チーター・プーマー	11	2.5	0	2.4	3.7	5.9	1.0
(A)		＊恐竜・怪獣	3	0.7	1.2	1.2	1.2	0	0

●D4

内容コード	形態水準	反応内容	全体 N	全体 %	幼稚園 (%)	小2 (%)	小4 (%)	小6 (%)	中2 (%)
A	o	＊イモムシ・アオムシ	9	2.1	1.2	0	3.7	2.4	3.0
	u	＊ヘビ	8	1.8	0	2.4	3.7	1.2	2.0
(A)		＊竜（∨）	5	1.1	1.2	1.2	1.2	1.2	1.0

●D5

内容コード	形態水準	反応内容	全体 N	全体 %	幼稚園 (%)	小2 (%)	小4 (%)	小6 (%)	中2 (%)
Ad		ウサギの顔	2	0.5	0	2.4	0	0	0

内容コード	形態水準	反応内容	全体 N	全体 %	幼稚園(%)	小2(%)	小4(%)	小6(%)	中2(%)
●D6									
A		コウモリ	4	0.9	1.2	1.2	2.4	0	0
		鳥	2	0.5	0	0	0	2.4	0
Na		水・噴水	3	0.7	0	1.2	0	0	2.0
Sc	u	＊メガネ	7	1.6	1.2	1.2	1.2	0	4.0
●D7									
A	u	＊ウマ	5	1.1	0	1.2	3.7	1.2	0
	o	＊カエル	25	5.7	8.2	4.7	6.1	5.9	4.0
	o	＊カニ	27	6.2	5.9	4.7	7.3	7.1	6.0
	o	＊カブトムシ・クワガタ	12	2.8	3.5	3.5	1.2	4.7	1.0
		＊シカ	3	0.7	0	0	2.4	1.2	0
		特定しない動物	3	0.7	0	0	0	2.4	1.0
●D8									
A	u	＊カブトムシ	6	1.4	1.2	1.2	1.2	3.5	0
	u	＊特定しない生き物	5	1.1	0	0	2.4	1.2	2.0
	o	＊特定しない虫	12	2.8	1.2	5.9	2.4	2.4	2.0
		＊ネズミ	4	0.9	1.2	0	2.4	0	1.0
		ばい菌	3	0.7	2.4	0	1.2	0	0
●D9									
H	u	＊人間1人（D9 + D9を含む）	6	1.4	0	0	1.2	0	5.0
A	u	＊ケムシ・イモムシ	6	1.4	1.2	0	2.4	1.2	2.0
		＊タツノオトシゴ	4	0.9	1.2	0	2.4	0	1.0
Bt		海草	2	0.5	0	0	0	2.4	0
●D10									
(H)		天使（V）	4	0.9	1.2	0	1.2	0	2.0
A		イモムシ・アオムシ，ケムシ	2	0.5	0	1.2	0	1.2	0

内容コード	形態水準	反応内容	全体 N	全体 %	幼稚園 (%)	小2 (%)	小4 (%)	小6 (%)	中2 (%)
		ウサギ	3	0.7	1.2	0	1.2	1.2	0
	u	＊鳥（D4羽）	8	1.8	1.2	3.5	3.7	1.2	0
Ad		カマキリの顔	2	0.5	0	1.2	0	1.2	0
Sc	o	＊はさみ・ペンチ	11	2.5	4.7	3.5	4.9	0	0

●D11

内容コード	形態水準	反応内容	全体 N	全体 %	幼稚園 (%)	小2 (%)	小4 (%)	小6 (%)	中2 (%)
A		虫	4	0.9	1.2	0	0	1.2	2.0
	u	虫2匹と何か（D14木や棒）	6	1.4	0	1.2	0	3.5	2.0
Ad		虫の顔	4	0.9	1.2	0	0	2.4	1.0
(A)		ばい菌，微生物2匹と何か（D14棒など）	2	0.5	0	1.2	0	1.2	0
An		骨	2	0.5	0	2.4	0	0	0
Bt		＊木（∨）	4	0.9	0	0	2.4	0	2.0
Sc	u	＊塔・城	7	1.6	0	0	0	2.4	5.0

●D12

内容コード	形態水準	反応内容	全体 N	全体 %	幼稚園 (%)	小2 (%)	小4 (%)	小6 (%)	中2 (%)
A	u	＊魚	6	1.4	2.4	1.2	0	2.4	1.0
Bt	o	＊葉	27	6.2	3.5	8.2	8.5	5.9	5.0

●D13

内容コード	形態水準	反応内容	全体 N	全体 %	幼稚園 (%)	小2 (%)	小4 (%)	小6 (%)	中2 (%)
A		＊魚	3	0.7	0	1.2	0	0	2.0
		ブタ・イノシシ	3	0.7	1.2	1.2	0	0	1.0
Bt	u	＊葉	5	1.1	0	0	2.4	1.2	2.0
		花	4	0.9	1.2	0	0	3.5	0
Fi		＊火（火の玉を含む）	4	0.9	2.4	1.2	1.2	0	0

●D14

内容コード	形態水準	反応内容	全体 N	全体 %	幼稚園 (%)	小2 (%)	小4 (%)	小6 (%)	中2 (%)
Hd		人間の顔	2	0.5	1.2	0	0	1.2	0
Ad		くちばし	2	0.5	1.2	0	1.2	0	0
Bt	o	＊木・棒	14	3.2	1.2	3.5	4.9	4.7	2.0

＊重複表示については21頁を参照

内容コード	形態水準	反応内容	全体 N	全体 %	幼稚園(%)	小2(%)	小4(%)	小6(%)	中2(%)
●D15									
A	u	*魚	5	1.1	0	0	2.4	0	3.0
		鳥	3	0.7	0	0	0	0	3.0
Bt	u	花	6	1.4	0	2.4	1.2	2.4	1.0
Fi		火	2	0.5	0	0	1.2	0	1.0
●Dd21									
Bt		花	2	0.5	0	0	0	0	2.0
Hh		ほうき	2	0.5	0	0	1.2	0	1.0
Sc		塔	2	0.5	0	0	0	1.2	1.0
●DdS22									
H	u	人間1人（D11頭部，D10足，D9体や服）	6	1.4	0	0	1.2	1.2	4.0
Hd	o	*人間の顔（D2またはD8目，D6めがねなど）（∨位置含む）	84	19.3	7.1	22.4	15.9	17.6	31.0
Mask		お面（∨）	4	0.9	1.2	0	0	3.5	0
A	u	カブトムシ（D11角）	6	1.4	1.2	3.5	0	2.4	0
		チョウ・ガ（D9羽，D11頭部）	3	0.7	0	0	2.4	0	1.0
		バッタ・カマキリ（D9羽，D11頭部）	3	0.7	0	1.2	1.2	1.2	0
Ad	o	動物の顔（ヤギ・ウマ・サル。D2目，D11あご）	12	2.8	0	1.2	2.4	2.4	7.0
	u	ヤギの顔（∨）	8	1.8	0	1.2	1.2	1.2	5.0
Bt		花（D11がく，D9花びら）（∨）	2	0.5	1.2	0	0	1.2	0
Sc		塔	4	0.9	0	0	0	2.4	2.0
		飛行機	2	0.5	0	0	1.2	0	1.0

＊重複表示については21頁を参照

内容コード	形態水準	反応内容	全体 N	全体 %	幼稚園 (%)	小2 (%)	小4 (%)	小6 (%)	中2 (%)
●DdS42									
Hd	o	人間の顔（D2目，D10ひげ）	25	5.7	0	4.7	7.3	7.1	9.0
●Dd50 (DdS22−D11)									
Hd	o	人間の顔（D2目，D10ひげ）（∨位置含む）	10	2.3	0	2.4	6.1	1.2	2.0

● P反応

	生き物の集まり(W)			クモ(D1)			人の顔(DdS22, V位置含む。D2またはD8目, D6めがねなど)		
全体	40	9.2%		76	17.4%	準P	84	19.3%	準P
幼稚園	3	3.5%		15	17.6%	準P	6	7.1%	
小2	2	2.4%		14	16.5%		19	22.4%	準P
小4	7	8.5%		17	20.7%	準P	13	15.9%	
小6	17	20.0%	準P	16	18.9%	準P	15	17.6%	準P
中2	11	11.0%		14	14.0%		31	31.0%	準P

● 領域番号対照表

包括システム	高橋ら	名大法	阪大法	片口法	本書
D1	D1	D1	DⅠ	D1	D1
D2	D2	D7	DⅤ	D2	D2
D3	D3	D12	DⅨ	D5	D3
D4	D4	d1	d1	d1	D4
D5	D5	d2	DⅩⅠ	D12	D5
D6	D6	D10	DⅦ	D7	D6
D7	D7	D4	DⅧ	D9	D7
D8	D8	D3	DⅩⅣ	D13	D8
D9	D9	D5	DⅥ	D6	D9
D10	D10	D8	DⅣ	D3	D10
D11	D11	D2	DⅢ	D4	D11
D12	D12	D11	DⅩⅡ	D11	D12
D13	D13	D9	DⅡ	D10	D13
D14	D14	d3	d2	d2	D14
D15	D15	D13	DⅩ	D8	D15
Dd21	Dd21	D6	DⅩⅢ	D14	Dd21
DdS22	DdS22	DS15			DdS22
Dd25	Dd25				Dd25
Dd26	Dd26				Dd26
Dd27	Dd27	Dd4			Dd27
Dd28	Dd28				Dd28
DdS29	DdS29	DdS1			DdS29
DdS30	DdS30	DdS2			DdS30
Dd31	Dd31	Dd5			Dd31
Dd32	Dd32				Dd32
Dd33	Dd33	Dd6			Dd33
Dd34	Dd34				Dd34
Dd35	Dd35				Dd35
	Dd40			D1	Dd40
	Dd41				Dd41
	DdS42				DdS42
					DdS50
		D14			
		Dd3			

「ヤママユガ（蚕の成虫のこと）の親子（親がD6，子がD3）」小4男子

あとがき

　われわれが，第1次調査を実施してから10年以上が経過しました。その後，2006年以降の第2次調査における子どものロールシャッハ反応を第1次調査のそれと比較するといくつかの変化が認められます。その背景に，10年という短い期間においても，日本の子どもたちを取り巻く環境は変化してきていることが，一因として考えられるように思われます。めまぐるしく変化する現代社会の中で，われわれはできるだけ早い段階で調査の結果を広く還元したいと考え，本書の作成に取り組んできました。文中でも触れてきましたが，本書は決して標準データの提供を目指すものではなく，現代の日本に生きる子どもたちが，例えば一般的にはどのようなロールシャッハ反応を産出するのか，ということを広く読者の方々に知ってもらい，臨床場面や発達的研究などの参考になることを願うものです。そして，それが現代の日本に生きる子どもたちへの支援において何らかのプラスに繋がるとしたら，これ以上の喜びはありません。

　本書は，多くの方々の支えによって成り立っています。

　まず最初に，何よりも，調査に協力してくれた子どもたちと学校の先生方に深く感謝申し上げます。子どもたちは，ロールシャッハ法に対してとても興味深く，楽しそうに，あるいはやや緊張の面持ちで接近し体験してくれました。また，検査者として多忙な臨床活動の合間を縫って協力していただいた多くの臨床心理士の先生方，そして集計作業を快く手伝ってくださった名古屋大学大学院の院生の皆様には，下記に氏名を掲載し深謝申し上げます。

　またご著書である「ロールシャッハ形態水準表」の一部引用を快くご許可くださった高橋雅春先生（関西大学名誉教授）・高橋依子先生（甲子園大学）・西尾博行先生（文京学院大学）に深く感謝申し上げます。小川俊樹先生（筑波大学）には，本書作成を含め，日頃よりわれわれの研究にご助言，ご指導をいただき深謝申し上げます。

　最後に本書刊行にあたり，常に励まし適切なご助言を与えてくださった金剛出版の弓手正樹氏・田中春夫氏に感謝申し上げます。

　なお本調査実施および集計作業については，日本学術振興会科学研究費補助

金(基盤研究(B))の助成を受けていることを記して研究協力に感謝いたします。

平成21年　秋
著者一同

2006年〜2007年子どものロールシャッハ法調査における検査者(敬称略,五十音順)　計46名
伊藤恵,上杉春香,上野永子,大崎園生,長倉京香,河合恵美子,北原静香,金愛慶,小島朗子,佐々木律子,鈴木順一,鈴木美樹江,鈴木雅子,角香織,長瀬治之,長島康之,高井義文,中島鶴次,中島英貴,中田薫,中村愛,百鬼久美子,西田安哉美,野島陽子,能代理恵,能勢有希,服部麻子,服部孝子,濱島務,平松佳子,福元理英,布施朋子,松本泉,的場雪,水越三佳,水島みゆき,森脇正弘,山本弘一,渡瀬美保,渡邉智香子,および著者6名

集計作業協力者(敬称略,五十音順)　計10名
岩井志保,大橋陽子,岡野史子,袴田雅大,濱家徳子,濱田祥子,原口友和,古木美緒,増井里香,松井宏樹

参考文献

Ames, L. B., Metraux, R. W., Rodell, J. L., et.al.: Child Rorschach responses. Brunner/Mazel,Inc., 1974.（村田正次，黒田健次共訳：ロールシャッハ児童心理学．新曜社，東京，1976）

Andronikof, S. A. : Table for the international symposium on rorschach nonpatient data-France. The XVI International congress of Rorschach and Projective Methodes, 1999.

Exner, J. E. Jr.: A Rorschach Workbook for the Comprehensive System(Fifth Edition). 2001.（中村紀子，西尾博行，津川律子監訳：ロールシャッハ・テスト ワークブック 第5版．金剛出版，東京，2003）

Exner, J. E. Jr.: The Rorschach: A Comprehensive System Vol.3: Assessment of children and adolescents(Second Edition). John Wiley & Sons, Inc. New York, 1995.

Exner, J. E. Jr.: The Rorschach: A Comprehensive System Vol.1: Basic foundations(Second Edition). Wiley, New York. 1986.（高橋雅春，高橋依子，田中富士夫監訳：現代ロールシャッハ・テスト体系 上・下．金剛出版，東京，1991）

Hamel, M., Shaffer, T.: Rorschach Comprehensive System data for 100 nonpatient children from the United States in two age groups, J. of Personality Assessment 89(S1); S174-182, 2007.

Hansen, K. G.: Rorschach Comprehensive System data for a sample of 75 Danish 9-year-Old children: A pilot study, Journal of Personality Assessment, 89(S1); S52-56, 2007.

片口安史：新心理診断法．金子書房，東京，1974.

片口安史監修：ロールシャッハ・テストの学習－片口法スコアリング入門．金子書房，東京，1993.

松本真理子，白井博美，森田美弥子，鈴木伸子，坪井裕子，畠垣智恵：「子どものロールシャッハ法に関する研究－ロールシャッハ法の意味するもの－」，日本ロールシャッハ学会第11回大会発表（名古屋国際会議場），2007.

Matsumoto, M., Suzuki, N., Shirai, H.: Rorschach Comprehensive System data for a sample 190 Japanese nonpatient children at five ages, Journal of Personality Assessment, 89(S1); S102-S113, 2007.

村上英治，江見佳俊，西尾 明，植元行雄，秋谷たつ子，後藤 聡：ロールシャッハ反応の標準化に関する研究，ロールシャッハ研究2巻 39-85, 1959.

名古屋ロールシャッハ研究会編：ロールシャッハ法解説－名古屋大学式技法－ 1999年改訂版．名古屋ロールシャッハ研究会，1999.

小沢牧子：子どものロールシャッハ反応. 日本文化科学社, 東京, 1970.

Rorschach, H: Psychodiagnistik. Ernst Blrcher, 1921. (片口安史訳：精神診断学. 金子書房, 東京, 1976)

Salcuni, S., Lis, A., Parolin, L., Mazzeschi, C.: Rorschach Comprehensive System data for two samples of nonpatient children from Italy: Aged5-7 Years and 148 Aged 8-11 Year, J. of Personality Assessment, 89(S1); S85-90, 2007.

Shaffer, T. W. et al. edit.: International reference samples for the Rorschach Comprehensive System. Journal of Personality Assessment, 89(Supplement); 2007.

Silva, D. R., Dias. A. M.: Rorschach Comprehensive System data for a sample of 357 Portuguese children at five ages, Journal of Personality Assessment, 89(S1); S131-141, 2007.

高橋雅春, 高橋依子, 西尾博行：ロールシャッハ形態水準表−包括システムのわが国への適用−. 金剛出版, 東京, 2002.

高橋雅春, 高橋依子, 西尾博行：ロールシャッハ・テスト形態水準表. 金剛出版, 東京, 2009.

高瀬恒男：人格性の心理. 金子書房, 東京, 1979.

辻 悟：ロールシャッハ検査法−形式・構造解析に基づく解釈の理論と実際. 金子書房, 東京, 1997.

辻 悟, 浜中薫香：児童の反応. 本明寛, 外林大作編：心理診断法双書−ロールシャッハ・テストⅠ−, 271-348, 中山書店, 東京, 1958.

辻 悟, 福永知子：ロールシャッハ・スコアリング−阪大法マニュアル−. 金子書房, 東京, 1999.

辻 悟, 藤井久和, 林 正延：基礎形体レベル判定規準について, 東京ロールシャッハ研究会編：ロールシャッハ研究Ⅵ, 147-181, 1963.

植元行男, 村上英治, 秋谷たつ子他 1963 ロールシャッハ・テストの結果からみた集団人間像における諸特徴（人間関係総合研究団（代表村松常雄）編著 1962 日本人 黎明書房 pp. 206-245）

Valentino, M. A., Shaffer, T. W., Erdberg, P., Figueroa, M.: Rorschach Comprehensive System data for a sample of 42 nopatient Mexican American children, from the United States, Journal of Personality Assessment, 89(S1); S183-187, 2007.

Weiner, I. B.: Principles of Rorschach Interpretation. Lawrence Erlbaum Assoc. Inc., 1998. (秋谷たつ子, 秋本倫子訳：ロールシャッハ解釈の諸原則. みすず書房, 東京, 2005)

監修者略歴

松本真理子（まつもと・まりこ）
 名古屋大学発達心理精神科学教育研究センター　教授
 名古屋大学大学院教育発達科学研究科博士後期課程修了
 博士（心理学）
 主な著書
 子どものロールシャッハ法に関する研究―新たな意義の構築に向けて（単著），風間書房
 子どものロールシャッハ法（共編著），金子書房
 うつの時代と子どもたち（編著），至文堂
 心とかかわる臨床心理―基礎・実際・方法―（第2版）（共著），ナカニシヤ出版，
 これからを生きる心理学―出会いとかかわりのワークブック―（共著），ナカニシヤ出版　他

森田美弥子（もりた・みやこ）
 名古屋大学大学院教育発達科学研究科　教授
 名古屋大学大学院教育学研究科博士後期課程満期退学
 主な著書
 臨床実践の知（共編著），ナカニシヤ出版
 21世紀の心理臨床（共編著），ナカニシヤ出版
 臨床心理学入門事典（共編著），至文堂
 臨床心理査定研究セミナー（編著），至文堂
 新・医療と看護のための心理学（共著），福村出版　他

執筆者一覧

鈴木　伸子（すずき・のぶこ）
　常葉学園大学教育学部　准教授
　鳴門教育大学大学院学校教育研究科学校教育専攻修了
　主な著書
　子どものロールシャッハ法（共著），金子書房
　うつの時代と子どもたち（現代のエスプリ別冊，共著）至文堂
　子どもの精神医学（共著），金芳堂　他

坪井　裕子（つぼい・ひろこ）
　人間環境大学人間環境学部　准教授
　名古屋大学大学院教育発達科学研究科博士後期課程満期退学
　博士（心理学）
　主な著書
　ネグレクト児の臨床像とプレイセラピー（単著），風間書房
　子育てを支える心理教育とは何か－誕生から青年期まで（共著），至文堂
　臨床心理学にとっての精神科臨床（共著），人文書院　他

白井　博美（しらい・ひろみ）
　聖隷クリストファー大学　非常勤講師
　名古屋大学大学院教育発達科学研究科博士後期課程在学中
　主な著書・論文
　「15歳以下で発症した統合失調症児のロールシャッハ反応」，包括システムによる日本ロールシャッハ学会誌 第7巻1号，19-29，2003年
　子どものロールシャッハ法（共著），金子書房
　「ロールシャッハ法における日本人幼児の反応内容と領域」，心理臨床学研究 第27巻3号，365-371，2009年　他

畠垣　智恵（はたがき・ちえ）
　名古屋大学発達心理精神科学教育研究センター　特任研究員
　名古屋大学大学院教育発達科学研究科博士後期課程満期退学
　主な著書
　発達障害のある子ってどんな子？（単著），日本評論社
　臨床心理査定研究セミナー（共著），至文堂
　就学相談と特別支援教育（こころの科学124号，共著），日本評論社　他

松本真理子（まつもと・まりこ）
　前記参照

森田美弥子（もりた・みやこ）
　前記参照

　　本文中イラスト原案＝畠垣　智恵
　　　　本文中イラスト＝櫻田　耕司

子どものロールシャッハ反応
―― 形態水準と反応内容 ――

2009年10月10日　印刷
2009年10月30日　発行

監修者　松本　真理子
　　　　森田　美弥子

発行者　立　石　正　信
印刷・新津印刷　製本・新津印刷

発行所　株式会社　金剛出版
〒112-0005　東京都文京区水道1-5-16
電話03-3815-6661　振替00120-6-34848

ISBN978-4-7724-1110-3 C3011　　©2009, Printed in Japan

ロールシャッハ・テストによるパーソナリティの理解
高橋依子著　ロールシャッハ・テストのデータから被験者のパーソナリティを理解するための手順と注意点を，具体的事例に即して懇切丁寧に解説。　3,570円

ロールシャッハ・テスト
J・E・エクスナー／中村紀子，野田昌道監訳　形態水準表を含む包括システムの基礎と原理が学べる，ロールシャッハを用いるすべての人の必携書。18,900円

ロールシャッハ・テスト ワークブック(第5版)
J・エクスナー著　中村紀子他監訳　包括システムの施行と解釈を正しく行うための，施行手順や注意点などを詳しく解説したガイドライン。　5,460円

ロールシャッハ・テスト形態水準表
高橋雅春，高橋依子，西尾博行著　前著『ロールシャッハ形態水準表』から対象を大幅に増やし，基準の変更などをも踏まえて全面改訂された新版。　2,940円

子どもと若者のための認知行動療法ガイドブック
P・スタラード著／下山晴彦訳　認知行動療法の，幼少期から思春期・青年期にかけての子どもへの適用について書かれた実践的なガイドブック。　2,730円

新訂増補 子どもと大人の心の架け橋
村瀬嘉代子著　心理療法についてのあらゆる課題にこたえる著者の原点とも言うべき論集。村瀬嘉代子の臨床の真髄がここにある。　2,940円

発達障害と子どもの生きる力
榊原洋一著　子どもは皆「力強い生きる力」をもつという思いを根底に，小児科医として長年にわたり暖かに育児を支えてきた著者はじめての論文集！　3,990円

ロールシャッハ・テスト解釈法
高橋雅春・高橋依子・西尾博行著　わが国の健常成人400人の資料に基づき，パーソナリティを理解するためのロールシャッハ・テストの解釈法を述べる。3,570円

ロールシャッハ・テスト実施法
高橋雅春・高橋依子・西尾博行著　包括システムによる実施法，コード化，構造一覧表の作成までを日本人の実例によりわかりやすく解説。　3,570円

ロールシャッハ法と精神分析的視点
(上) 臨床基礎編／(下) 臨床研究編　ラーナー著　溝口純二・菊池道子監訳　分析のみならずさまざまな視点から，最新の臨床成果を網羅した大冊。　各3,675円

精神科臨床における心理アセスメント入門
津川律子著　心理アセスメントを著者の軽やかな語り口で「6つの視点」から解説し，ビギナー臨床心理士を読者対象とした必携書。　2,730円

必携 臨床心理アセスメント
小山充道編著　国内で利用される100弱の心理テストについて，詳細な解説と例，ワンポイント・アドバイス等が示された心理テストの大全集。　8,925円

子ども用トラウマ症状チェックリスト (TSCC)
専門家のためのマニュアル　2,100円
J・ブリア著／西澤哲訳　最新の心理検査が登場！別売：TSCC-A用紙セット（男の子用・女の子用）　各3,150円

軽度発達障害
田中康雄著　「軽度発達障害」という深刻な「生きづらさ」に，ともに繋がりあって生きることを目指してきた児童精神科医の中間報告。　3,990円

臨床心理学
最新の情報と臨床に直結した論文が満載
B5判160頁／年6回（隔月奇数月）発行／定価1,680円／年間購読料10,080円（送料小社負担）

精神療法
わが国唯一の総合的精神療法研究誌
B5判140頁／年6回（隔月偶数月）発行／定価1,890円／年間購読料11,340円（送料小社負担）

価格は消費税込み（5％）です